BIBLE FOR THE NATIONS

NLB

Für diese Ausgabe des Neuen Testamentes mit ausgewählten Psalmen wurde verwendet: Neues Leben. Die Bibel,

Homepage: www.scm-brockhaus.de;
E-Mail: info@scm-verlag.de

Satz: Satz & MedienWieser, Aachen
Druck und Bindung: C.H. Beck
Gedruckt in Deutschland. Gestaltung des Einbands und der Farbseiten: Daniel Karlsson.

Die Kicker Bibel 8. Auflage
ISBN 978-3-948954-13-0
Artikel 1769.13.000
Die Kicker Bibel entstand in Zusammenarbeit von Bible for the Nations, Athletes in Action und SRS e.V.

Aulkestraße 28, D-48734 Reken
www.bible-for-the-nations.com

Elfmeter!

DIE KICKER BIBEL

Alle Augen richten sich auf den Schützen, der sich den Ball zurechtlegt. Der lang ersehnte Traum ist zum Greifen nahe. Jetzt oder nie – alles liegt in der Hand des Spielers. Die Anstrengungen und Opfer, welche die Mannschaft bis dahin gebracht hat, werden entweder wertvoll oder vergebens sein. Innerhalb weniger Sekunden wird man zum Helden, zum Retter der Nation erhoben oder zum Versager abgestempelt.

Das Fußballspiel ist ein Spiegel des Lebens. Freude und Verzweiflung, Ärger und Lachen, tiefes Glück und sinnlose Enttäuschung machen das Leben auf und neben dem Rasen spannend, jedoch auch schwierig. In dieser Kicker-Bibel erzählen Fußballprofis, Funktionäre und Fans über ihr Spannungsfeld von Erfolg und Misserfolg, Ablehnung und Annahme. Sie unterscheiden sich in Bekanntheit, Herkunft und Alter – doch alle haben die Erfahrung gemacht, dass sich durch den Glauben an Jesus Christus der Zugang zu Gottes großer Liebe und Kraft öffnet. In Jesus Christus haben sie einen Freund und Lebenscoach gefunden, auf den sie sich verlassen können.

Die historische Berichterstattung über das Leben von Jesus Christus im Neuen Testament klärt auf und hilft zu verstehen. Die Psalmen sind zudem hilfreiche Gebete für alle Lebenssituationen. Das Wort Gottes in deiner Hand ist eine übernatürliche Kraft.

Verschiedene Personen und Organisationen haben zur Realisierung beigetragen. Unser Dank geht speziell an die Sportler, die uns durch ihre Offenheit Anteil an ihrer persönlichen Geschichte geben. Lies diese Bibel wie ein „Testament“, das nur für dich verfasst wurde. Du wirst in ihr Werte entdecken, die dir über jeden verschossenen Elfmeter hinweghelfen.

Roul Åkesson
Bible for the Nations e.V.

Daniel Mannweiler
SRS e.V.

Manuel Bühler
Fussball mit Vision e.V.
SRS e.V.

Reichtum anhäufen bringt nichts, wenn man seine Mitmenschen nicht liebt

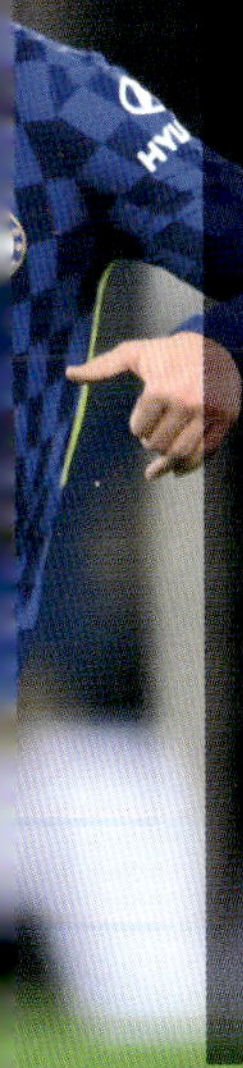

Ich wurde in einem gewalttätigen Viertel in Sao Paulo, Brasilien, geboren. Mein Traum war es immer, Profifußballer zu werden, um meine Familie aus der Armut zu befreien. Die Werte meiner Familie haben mich vor Verbrechen und Drogen bewahrt, und ich hatte immer Gewissheit, dass ich es eines Tages schaffen würde. Trotz der vielen Kritik an meiner geringen Körpergröße und meiner mangelnden körperlichen Kraft, schlief ich täglich mit meinem Ball ein und wachte frühmorgens wieder neben ihm auf. Ich spielte nur aus Spaß und Freude, einfach um glücklich zu sein.

Mit 13 Jahren verließ ich die Slums und wurde vom FC Sao Paulo entdeckt. Vier Jahre später bestritt ich mein erstes Spiel für die Profimannschaft. Ein Jahr später wurde ich erstmals in die brasilianische Nationalmannschaft berufen. Mein Kindheitstraum erfüllte sich bereits im Alter von achtzehn Jahren, als ich meinen ersten Profivertrag beim FC Sao Paulo unterschrieb. Ich habe diese Momente sehr genossen, anerkannt zu werden und für einige Leute sogar das Idol zu sein. Alles ging sehr schnell!

Im August 2012 erhielt ich ein Angebot von Paris Saint-Germain und landete sechs Monate später für eine stolze Ablösesumme von 40 Millionen Euro und mit dem Status eines Stars in Europa. Als ich in der französischen Hauptstadt ankam, dachte ich, dass sich die Dinge noch weiter verbessern würden. Leider trübten der erhöhte Druck, Verletzungen und Heimweh das schnelle Glück. Ich vermisste alles: meine Freunde, meine Familie. Diese

LUCAS MOURA

JAHRGANG: 1992 **VEREINE:** Sao Paulo FC, Paris SG, Tottenham Hotspurs **POSITION:** Sturm

Umstände machten es schwer für mich, gut zu spielen. Ich hatte Geld und einen guten Verein, aber ich fühlte eine innere Leere. Dann traf ich Freunde, die mir von Jesus erzählten. Ich hatte einen katholischen Familienhintergrund, aber ich lebte den Glauben nicht, ging nie in die Kirche. Bisher hatte mir niemand auf so verständliche Art und Weise von Ihm erzählt.

Die komplizierte Zeit bei PSG dämpfte meine Erwartungen und führte mich dazu, die Treffen mit meinen christlichen Freunden ernst zu nehmen. Ich begann, mich für die Bibel zu interessieren. Das regelmäßige Lesen in der Bibel veränderte meinen Blick auf das Leben. Im Jahr 2013 begann Jesus mir inmitten meiner Schwierigkeiten und Ängste einen Frieden zu geben, den ich nie zuvor gespürt hatte. Ich fing an zu verstehen, dass es wichtig ist, für Ihn zu leben. Ich entschied mich für eine Beziehung zu Gott durch seinen Sohn Jesus, der der Weg, die Wahrheit und das Leben ist, wie es in Johannes 14,6 geschrieben steht.

Heute ist mein oberstes Ziel nicht mehr, Meisterschaften oder persönliche Titel zu gewinnen, die vergänglich bleiben. Reichtum anhäufen bringt nichts, wenn man nicht seinen Nächsten liebt. Ich möchte meine Familie lieben, ein Vorbild für sie und die Menschen um mich herum sein. Ich liebe Fußball und habe richtig Spaß daran, seitdem ich erkannt habe, dass mein Talent ein Geschenk Gottes ist. Mittlerweile spiele ich für die Tottenham Hotspurs und trotz der immer noch gegenwärtigen Kritik, durfte ich hier Geschichte schreiben, als ich mein Team mit einem Hattrick ins Finale der Champions League schoss. Sowohl im Erfolg als auch in Momenten des Scheiterns ist es mir wichtig, Gott die Ehre zu geben.

Lucas Moura

QUELLE: PLUSQUESPORTIF

Was sagt die Bibel zum Leben?

WAS SAGT GOTT ZU MIR PERSÖNLICH?

FELIX OHIS UDUOKHAI

JAHRGANG: 1997 **GRÖSSE:** 193 cm **GEWICHT:** 90 Kg
VEREINE: VFB Annaberg, Erzgebirge Aue, 1860 München, VFL Wolfsburg, FC Augsburg **POSITION:** Abwehr (IV)

FOTO: KRIEGER

FOTO: KRIEGER

Fußball war schon immer meine große Leidenschaft, das war auch für meine Eltern nicht zu übersehen. Die ersten fußballerischen Versuche startete ich in unserer Wohnung. Nachdem so mancher Einrichtungsgegenstand dadurch in Mitleidenschaft gezogen wurde, meldete mein Vater mich im örtlichen Fußballverein an. Dort spielte ich allerdings nur für eine kurze Zeit und wechselte schon bald in den Nachwuchsbereich von Erzgebirge Aue. Fußball war immer der wichtigste Faktor in meinem Leben. Ich träumte immer davon, eines Tages Profi zu werden.

Ein Umzug eröffnete neue Möglichkeiten

Im Jahr 2008 zog meine Familie mit mir nach München. Private Gründe waren dafür ausschlaggebend. Bei der Suche nach einem neuen Verein wurde ich schnell fündig. Ein Probetraining ermöglichte mir mit elf Jahren einen Wechsel zum TSV 1860 München. Bei den Münchner Löwen durchlief ich alle weiteren Jugendmannschaften und schaffte dann den Sprung in die Profimannschaft. Das war eine große Sache.

Kirche war mir nicht wichtig

In meiner Jungendzeit gingen wir als Familie öfters in die Kirche. Meinen Eltern war der Glaube an Gott wichtig. Diese Tradition wurde auch in München fortgesetzt. Einen persönlichen Zugang fand ich dazu aber nicht. Oft war ich von den Gottesdiensten gelangweilt und froh, wenn sie vorbei waren. Nach und nach verlor ich mein Interesse an der Kirche und distanzierte mich vom religiösen Leben. Ich wollte mich voll und ganz auf den Fußball konzentrieren. Diese zwei Komponenten waren für mich schwer kombinierbar.

Es vergingen einige Jahre, bis mir das Thema „Glaube“ wieder begegnete. Ich war gerade 18 Jahre alt, als mir mein bester Freund völlig unerwartet eine Kicker-Bibel in die

Hand drückte. Das machte mich sehr neugierig und führte dazu, dass ich wirklich herausfinden wollte, was es mit diesem Buch auf sich hat. „Was sagt die Bibel zum Leben? Was sagt Gott zu mir persönlich?“ Ich habe zwar irgendwie schon immer an Gott geglaubt, aber ohne einen „Draht“ zu Jesus. Von ihm hatte ich eigentlich keine Ahnung. Mir war nicht klar, was der Glaube an Jesus für das Leben bedeutet.

Eine Einladung zum Sportlergottesdienst

In dieser Zeit bekam ich über einen Kollegen eine Einladung zu einem Sportlergottesdienst in München. Dort trafen sich Sportler aus verschiedenen Sportarten, um Gottesdienst zu feiern. Darunter auch viele Fußballer aus unterschiedlichen Vereinen. Meine anfängliche Skepsis wurde von meiner Neugierde überwunden. Der erste Besuch beim Sportlergottesdienst hat mich sehr positiv überrascht. Dort waren viele gläubige Sportler. Zu hören, wie sie zum Glauben an Jesus gefunden hatten, war sehr spannend und berührend. Die Begegnung mit den Sportlern ermutigte mich, auf diesem Weg weiterzugehen. Ich las weiterhin viel in der Bibel und forschte darin. Dabei wurde mir deutlich, wie sehr Gott mich liebt. Jesus ist für meine Sünden am Kreuz gestorben, er ist vom Tod auferstanden – eine Botschaft, die mit meinem Leben zu tun hat. So habe ich mit der Zeit zum persönlichen Glauben an Jesus Christus gefunden.

Die Veränderung kam Stück für Stück

Durch das regelmäßige Bibellesen hat sich vieles in meinem Denken verändert. Ich bekam eine andere Sichtweise auf mein Leben und den Sport. Es gab zwar kein typisches Schlüsselerlebnis. Dennoch merkte ich, wie Gott an meinem Herzen arbeitete. Ein Prozess, der bis heute anhält. Jesus zeigte mir meinen Wert, unabhängig von meiner Leistung. Er gibt meinem Leben einen Sinn. Auch wenn es ein großes Geschenk ist, meinen Traum als Profi leben zu dürfen, weiß

ich, dass ich mit Jesus Christus den größten Gewinn gefunden habe. Dafür bin ich unglaublich dankbar!

Meine Lieblingsverse aus der Bibel:

Er aber, der Gott des Friedens, heilige euch durch und durch und bewahre euren Geist samt Seele und Leib unversehrt, untadelig für die Ankunft unseres Herrn Jesus Christus. Treu ist er, der euch ruft; er wird's auch tun.

1. Thessalonicher 5,23-24
(Neues Testament)

Denn ich weiß wohl, was ich für Gedanken über euch habe, spricht der HERR: Gedanken des Friedens und nicht des Leidens, dass ich euch gebe das Ende, des ihr wartet.

Jeremia 29,11
(Altes Testament)

Felix Ohis Uduokhai

QUELLE: SRS E.V. / WWW.SRSONLINE.DE

OLIVIER GIROUD

In Christus sind wir mehr als Sieger

Es ist meine ganz persönliche Erfahrung, dass meine enge Beziehung zu Jesus Christus mir immer geholfen hat, die Herausforderungen des Lebens zu meistern. Manchmal wird mein Werdegang mit der Geschichte Josefs verglichen, einer biblischen Figur, die ich sehr mag. Genau wie er hatte ich es nie leicht und musste mir einen starken Charakter erst aneignen. Dank meiner christlichen Erziehung und der persönlichen Entdeckung des Evangeliums, einer Botschaft voller Liebe, Hoffnung und Demut, entwickelte ich eine widerstandsfähige Persönlichkeit.

Fußball ist seit meiner Kindheit meine Leidenschaft und ich bin Gott sehr dankbar, dass ich dieses Leben führen darf. Ich habe auch das Glück, von wertvollen Menschen umgeben zu sein, mit denen ich die Bibel studieren und beten kann, um den Willen Gottes für mein Leben noch besser zu erkennen.

Das Leben Jesu und seine bedingungslose Liebe zu uns, seinen Kindern, haben mir im Laufe der Jahre geholfen, anders über die Prüfungen des Lebens zu denken. Ich versuche, nicht zu hart und zu schnell zu urteilen. Biblische Werte wie Mitgefühl, Solidarität und Großzügigkeit, ermöglichen es mir, anderen gegenüber wertschätzend zu sein, wenn sich mir die Gelegenheit dazu bietet. Diese Werte liegen mir wirklich am Herzen liegen.

Durch den Glauben habe ich heute mehr Gelassenheit und Weisheit entwickelt, um die Ereignisse des täglichen Lebens richtig einzuordnen. Es gibt einen Bibelvers, über den ich in solchen Momenten oft nachdenke: „In Stillsein und Vertrauen ist eure Stärke“ (Jesaja 30,15).

Doch auch über Psalm 23 und Johannes 14,6: „Jesus ist der Weg, die Wahrheit und das Leben“, ein Zitat aus der Bibel, das ich 2017 zum FA Cup-Finale gepostet habe, denke ich gerne nach!

Ich bete oft, weil ich dankbar bin für das Leben, das Gott mir geschenkt hat. Das Gebet ist in vielerlei Hinsicht ein wesentlicher Bestandteil meines Alltags. Manchmal habe ich viel gebetet, als ich meinen Verein verlassen wollte, obwohl es nicht der richtige Zeitpunkt dafür war. Der Herr hatte einen anderen Plan für mich. Und das Gebet hat mir geholfen, seinem Weg zu folgen. Ich bete auch, dass Gott meine Familie, meine Angehörigen und diejenigen beschützt, die leiden und eine ausgestreckte Hand brauchen.

Ein befreundeter Pastor hilft mir, die Bibel besser zu verstehen, Antworten auf meine Fragen zu bekommen und das Leben von Jesus besser kennenzulernen. Dabei habe ich immer Gott vertraut, dass er mich zu den richtigen Menschen führt. So habe ich Jean-Luc kennengelernt, der in London mein Pastor geworden ist. Er ermutigt und begleitet mich, auch in meinem Durst nach einem besseren Verständnis der biblischen Texte.

Ich möchte dir ans Herz legen, in deinem Leben danach zu suchen, wer Christus ist und nie aufzugeben. Du wirst Aussagen entdecken, die dir helfen, deinem Leben einen Sinn zu geben. Worte der Bibel, die deinen Durst stillen und dazu führen, jeden Tag ein bisschen mehr zu lernen, beharrlich zu bleiben! Glaub immer daran, in Christus sind wir mehr als Sieger.

OLIVIER GIROUD

VEREINE: u.a. Montpellier, FC Arsenal, FC Chelsea, AC Mailand
POSITION: Sturm **JAHRGANG:** 1986 **TITEL:** u.a. Weltmeister, UEFA Champions- und UEFA Europa League Sieger, 4 mal englischer Meister, 1 mal französischer Meister

QUELLE: PLUSQUESPORTIF

Die beste Entscheidung meines Lebens

EDUARD LÖWEN

Mein Onkel wählte die falsche Nummer

Eigentlich wurde ich Fußballspieler, weil mein Onkel einen Fehler machte. Mit vier Jahren fing ich an, Fußball zu spielen. Mit fünf Jahren spielte ich schon in einem Verein. Als ich erst zehn Jahre alt war, wurde ich im Sportinternat in Kaiserslautern angemeldet. Eines Tages wählte mein Onkel eine falsche Telefonnummer und landete beim Fußballtrainer und nicht beim Direktor der Schule. Er entschuldigte sich und dann entwickelte sich ein Gespräch. Gerade wollte er auflegen, als der Trainer aus Kaiserslautern vorschlug, dass ich zum Probetraining vorbei kommen solle. Mein Onkel und meine Mutter begleiteten mich dorthin zu einer Woche Probetraining. Nach dieser Woche wollten sie mich sofort im Club behalten. So wechselte ich nach Kaiserslautern.

Nach fünf Jahren wechselte der Trainer

Ich gewöhnte mich schnell in den Verein ein und es lief sehr gut. Man erkannte mein Talent und ich wurde Kapitän der Mannschaft. Alles lief bestens. Fünf Jahre lang war ich voll drin im Spiel und im Training. Doch dann wechselte der Trainer und mein Fußballleben wurde schlagartig anders. Mochte mich der neue Trainer nicht? Ich war jetzt 17 Jahre alt und voller Energie und Ehrgeiz. Aber ich durfte nicht mehr spielen. Ich saß auf der Bank und musste zusehen, wie meine Kameraden spielten. Ich verstand das nicht und auch alle anderen im Verein wunderten sich über das Verhalten des Trainers.

Das alles brachte mich zum Nachdenken

Natürlich war ich traurig. Ich fühlte mich so ungerecht behandelt. Das Gute daran war, dass es mich zum Nachdenken brachte. Zwei Jahre lang ging das so weiter. Als ich 19 Jahre alt war, bekam ich die Möglichkeit, nach Saarbrücken zu wechseln. In dieser Zeit hatte ich viele innere Fragen und Kämpfe.

Eines Tages bekam ich trainingsfrei und ich fuhr heim, um meine Eltern zu besuchen. Ich war auf einer Schnellstraße unterwegs und die Sicht war schlecht, weil es nebelig war. Ein Auto kreuzte vor mir meine Fahrbahn, weil es links abbiegen wollte und übersah mich höchstwahrscheinlich. Ich reagierte blitzschnell und kam mit einem Schrecken davon. Aber das gab mir zu denken. Mir wurde klar, dass, wenn es jetzt mit meinem Leben vorbei gewesen wäre, ich auf ewig verloren wäre. Kurze Zeit später hatte ich ein ähnliches Erlebnis, als plötzlich ein gewaltiger Hirsch mitten auf der Straße stand, als ich auf ihn zuraste. Es war, als ob Gott auf verschiedene Art und Weise versuchte, mir zu sagen, dass es Zeit war, nach Hause zu kommen.

Dann fand ein Cousin von mir zum Glauben an Jesus Christus, obwohl er eigentlich Gott gegenüber sehr ablehnend eingestellt war.

Niemand musste mir das sagen, ich habe es einfach gewusst

Es ging mir nicht gut. Innerlich war ich am kämpfen. Bis dahin war mir mein Leben, so winzig klein es auch war, doch irgendwie zu wertvoll, um es an Gott wegzugeben, obwohl ich wusste, dass ich ohne Ihn verloren war. Mir war schon als kleiner Junge klar gewesen, dass es Gott gibt. Es gab mehrere Leute in meiner Verwandtschaft, die ernsthaft mit Gott lebten. Manchmal las ich in der Bibel und betete auch, aber ich tat es mehr aus einer Verpflichtung heraus.

Mir erschien das christliche Leben viel zu eng. Ich wollte leben, frei sein, das machen, wozu ich Lust hatte. Ich wollte mein eigener Herr sein. Gleichzeitig wusste ich aber tief in mir drin, dass ich verloren war. Ich wusste auch, dass ich nicht in den Himmel, sondern in die Hölle kommen würde, wenn ich in diesem Zustand sterben würde. Niemand musste mir das sagen, ich wusste es einfach. Manchmal konnte ich das für kurze Zeit verdrängen und unterdrücken. Aber die Gedanken tauchten immer wieder auf.

FOTO: PRIVAT EDUARD LÖWEN

Die beste Entscheidung meines Lebens

Ich kam an den Punkt in meinem Leben, an dem ich verstand, dass Gott meine einzige Chance auf ein echtes Leben ist. Ich rief meinen Onkel an und sagte ihm, dass ich Jesus mein Leben geben wolle. Er ermutigte mich sehr dazu. Ich bat dann Jesus in einem Gebet, Herr in meinem Leben zu werden und innerhalb kurzer Zeit ordneten sich die Dinge. Alles war anders geworden, weil ich durch Jesus Christus inneren Frieden bekam. Das war die beste Entscheidung in meinem Leben.

Zu dieser Zeit hatte ich keinen Verein. Ich betete zu Jesus, dass Er mir Seinen Weg zeigt. Am gleichen Tag riefen zwei Clubs bei mir an. Als ich nicht wusste, welchen Verein ich wählen sollte, rief einer der Clubs noch mal an, um zu sagen, dass das Angebot doch nicht mehr aktuell sei. Jetzt wusste ich genau, wohin ich gehen sollte. Aber ehrlich gesagt war mir das auf einmal gar nicht mehr wichtig. Ich wusste jetzt, dass ich mit Gott im Reinen war. Im Vergleich dazu war alles andere in den Hintergrund gerückt.

Ich durfte sofort spielen

Ich ging nach Nürnberg und dann ging alles ganz schnell. Nach ein paar Wochen durfte ich bei den Profis trainieren. Obwohl ich mit Verletzungen zu kämpfen hatte, schaffte ich es, nach sieben Monaten bei den Profis in der 2. Liga dabei zu sein. Ich durfte auch sofort spielen und musste nicht mehr auf der Bank sitzen. Es ging bergauf mit mir. Ich durfte bei der U20 und später bei der U21 Nationalmannschaft dabei sein. Alles ging so schnell, dass ich fast nicht mitkam.

Wen der Sohn frei macht, der ist wirklich frei

Heute fühle ich mich ganz anders. Früher dachte ich, dass Christsein ein Leben voller enger Grenzen ist, heute weiß ich, dass es genau umgekehrt ist. Die Bibel sagt: „Wen der Sohn (Jesus) frei macht, der ist wirklich frei…“ Das erlebe ich heute! Ich bin wirklich frei und ich habe einen Frieden in meinem Herzen, der nicht von äußeren Umständen abhängig ist. Ich bin nicht perfekt und habe meine inneren Kämpfe, aber das Fundament in meinem Leben ist fest. Ich habe wirklichen Halt in meinem Leben bekommen. Für mich ist Jesus das Wichtigste in meinem Leben. Jemand sagte mir einmal: „Klar, das mit dem Glauben ist gut. Es hilft dir bei deiner Fußballkarriere.“ Ich habe ihm geantwortet: „Das hast du falsch verstanden. Der Glaube an Jesus Christus ist nicht dazu da, damit es mit der Fußballkar riere besser läuft. Der Glaube an Jesus steht über dem Fußball und allen anderen Dingen."

Wir brauchen uns nicht vor dem Tod zu fürchten

Jesus hat den Tod besiegt. Deshalb gibt es nur bei Ihm das ewige Leben. All das, was wir in dieser Welt besitzen, bedeutet eigentlich nichts und kann uns auch nicht glücklich machen. Glücklich machen kann uns nur Jesus, weil Er sogar den Tod besiegt hat. Wir brauchen uns nicht vor dem Tod zu fürchten, denn Er hat den Tod überwunden. Einer meiner Lieblingsverse in der Bibel ist deshalb Philipper Kapitel 1 Vers 21: „Denn für mich ist Christus das Leben und Sterben ein Gewinn."

Wenn die Zeit kommt und wir sterben, dann gehen wir nach Hause.

Jetzt lebe ich hier mit dem Wunsch, zur Ehre Gottes Fußball zu spielen.

Eduard Löwen

Personalien

Geburtstag: 28. Januar 1997
Geburtsort: Idar-Oberstein, D
Größe: 188 cm
Position: Mittelfeld

Junioren

SV Hottenbach, 1. FC Kaiserslautern, 1. FC Saarbrücken

Herren

1. FC Nürnberg, Hertha BSC Berlin, FC Augsburg, Hertha BSC Berlin, Vfl Bochum, Hertha BSC

Nationalmannschaft

Deutschland U-20
Deutschland U-21

FOTO: PRIVAT EDUARD LÖWEN

Fußball war für mich das einzige Mittel, um glücklich zu werden

Wie die meisten Brasilianer wurde ich in dem Glauben an die Existenz eines Gottes erzogen. Ich wuchs in dem Bewusstsein auf, dass Gott alles erschaffen hat und dass er gütig ist. Daher befolgte ich seine Gebote. Diese ganze Religiosität war dadurch eingeschränkt, dass ich nicht wirklich wusste, wer Gott ist. Ich setzte stattdessen meine ganze Hoffnung und mein ganzes Vertrauen auf den Fußball. Ich stellte mir vor, dass ich durch den Sport Gelegenheit haben würde, die Geschichte meines Lebens und die meiner Familie zu ändern. Fußball war für mich das einzige Mittel, um glücklich zu werden.

Ich war frustriert und traurig

Mit dreizehn Jahren gelang es mir, einen Platz in der Jugendmannschaft von Palmeiras zu erobern. Mein Traum, Profi-Fußballspieler zu werden, fing an in Erfüllung zu gehen, dachte ich. Drei Jahre lang habe ich mich mit großer Hingabe dem Fußball verschrieben. Bis zu dem Zeitpunkt, als ein neuer Trainer der Mannschaft vorgesetzt wurde und neue Spieler mitbrachte. Viele Spieler, unter anderem auch ich, wurden dadurch entlassen. Ich war frustriert und traurig, denn meine ganze Hoffnung hatte auf diesem Verein geruht. Ich hatte schon viele Pläne geschmiedet – von heute auf morgen zerplatzte mein Traum. Ich versuchte weiterhin, eine neue Gelegenheit zu finden, aber ich wurde immer wieder enttäuscht.

Er strahlte einen inneren Frieden aus

Als ich ein Jahr danach bei einem Amateur-Hallenfußballturnier mitspielte, traf ich einen Freund, der über Jesus sprach. Ich war sehr interessiert und stellte viele Fragen. Einige Zeit später kam mein Bruder, der in einer anderen Stadt lebte, nach Mogi das Cruzes, um Urlaub zu machen. Im Gespräch mit ihm bemerkte ich, dass in seinem Leben etwas Außergewöhnliches passiert war. Mein Bruder, der normalerweise das Nachtleben außerordentlich schätzte, war wie verwandelt. Er war sehr zuvorkommend und strahlte einen inneren Frieden aus. Ich bemerkte natürlich diese Wandlung und fragte ihn, was zu dieser Veränderung geführt hatte. Dann antwortete er mir, dass ich Jesus kennen lernen müsste. Anfangs konnte ich mich nicht damit anfreunden, denn seit meiner Kindheit wusste ich, wer Jesus war. Meiner Meinung nach kannte ich ihn schon.

Ich wollte mehr über Jesus erfahren

Mit viel Geduld erzählte mir mein Bruder von Jesus, der wie ein Freund ist und mir immer zur Seite steht und gegenwärtig ist. Es war ganz anders als der Jesus, den ich zu kennen meinte. Ich dachte, dass Jesus ein entfernter Gott war, der im Himmel blieb und sich nicht um unseren Alltag kümmerte. In diesem Augenblick bemerkte ich, dass meine Hoffnung in eine ganz falsche Richtung gegangen war. Ich stellte mir doch tatsächlich vor, dass der Fußball mein Leben verändern würde – aber es wäre nur eine Lösung auf Zeit. Ich wollte mehr über Jesus erfahren, las die Bibel und stellte

CACAU

Jahrgang 1981
DFB Integrationsbeauftragter
ehem. Deutscher Fußball-Nationalspieler
Vereine: Cerezo Osaka, VFB Stuttgart, 1.FC Nürnberg, SV Türk Gücü München
Sportliche Erfolge:
2007: Deutscher Meister mit dem VfB Stuttgart
2010: Dritter der Weltmeisterschaft in Südafrika

meinem Bruder viele Fragen. Dann habe ich den Entschluss gefasst, Jesus als meinen Herrn und Retter anzunehmen. Auch wenn meine Situation damals alles andere als einfach war, fühlte ich einen unglaublichen Frieden und eine unerklärliche Freude. Nach einiger Zeit ließ ich mich taufen – bis heute gehe ich meinen Weg zusammen mit Jesus. Heute weiß ich, dass alles auf dieser Welt vergänglich ist. Wenn wir mit Jesus zusammen gehen, streben wir nach dem ewigen Leben in Frieden und Freude. Und das gibt uns die Hoffnung, an Jesus' Seite ein erfülltes und erfolgreiches Leben zu führen.

Gott segne Dich!

Cacau

QUELLENANGABE: WWW.CACAU.DE

TAIWO AWONIYI

VEREINE: Liverpool FC, 1.FC Union Berlin

GEBURTSJAHR: 1997

GRÖSSE: 1,83 cm

POSITION: Stürmer

LIEBLINGS-BIBELSTELLEN:
Offenbarung 1,8
Matthäus 6,33
Jeremia 29,11

In Nigeria war es sehr schwer für mich an Fußballschuhe zu gelangen

Es gab nichts anderes, was mich in meiner Kindheit mehr interessiert hätte, als Fußball zu spielen. Deswegen war es immer einer meiner größten Träume, Profi zu werden. Am Anfang spielte ich nur auf der Straße, aber irgendwann entschied ich mich, einem lokalen Fußballverein in Ilorin, im Bundesstaat Kwara in Nigeria, beizutreten. Das ist auch der Ort, an dem meine Karriere ihren Anfang nahm.

Ein Traum wird Realität

Als ich 2011 nach mehreren Sichtungstagen ausgewählt wurde, um Nigeria bei dem Copa Coca-Cola Turnier in England bei Chelsea London zu vertreten, begann der große Traum. Nach diesem Turnier wechselte ich in die „Imperial Soccer Academy" in Ogun, einem anderen Bundesstaat in Nigeria, und wurde für das Junioren-Nationalteam nominiert. 2013 wurde ich mit Nigeria U17 Weltmeister.

Zwei Jahre später unterschrieb ich meinen ersten Profivertrag beim FC Liverpool, der große Traum war Realität geworden.

2015/2016 wurde ich an den FSV Frankfurt ausgeliehen und gab mein Debüt gegen Hertha BSC Berlin im DFB-Pokal. Es folgten weitere Stationen auf Leihbasis in ganz Europa, ehe ich 2021 zu Union Berlin in die 1. Bundesliga wechselte.

Dass ich es geschafft habe, meinen großen Traum als Profifußballer zu erreichen, ist trotz aller Herausforderungen das größte Highlight meiner Karriere.

Rückschläge, Tiefen und Herausforderungen

Es gab auf meinem Weg zum Profi jedoch auch viele Rückschläge und Tiefen. So war es in Nigeria sehr schwer für mich, an Fußballschuhe zu kommen, geschweige denn zum Training zu gelangen. Ich musste jeden Tag einige Kilometer zu Fuß zum Training gehen und wenn meine Schuhe kaputt waren, musste ich sie selbst reparieren.

Nachdem ich Profi geworden war, gab es Herausforderungen ganz anderer Art. Aufgrund von Leihverträgen hieß es für mich, jedes Jahr an einen anderen Ort zu wechseln und dabei gab es Zeiten, die sehr schwierig waren. Ich spielte in Vereinen, die ich nicht selbst ausgesucht hatte, sondern andere über meinen Kopf hinweg bestimmten. Es ist einmal sogar vorgekommen, dass mir kurz vor der Abfahrt zum Trainingslager mitgeteilt wurde, dass ich nicht mitfahren dürfte, weil man nicht mehr mit mir plante. Ich sollte mir einen neuen Verein suchen oder müsste in der Jugendmannschaft spielen. Es gab auch Vereine, bei denen ich nicht einmal die Chance bekam zu spielen und es sehr viel Kraft und Entschlossenheit brauchte, um weiterzumachen.

Mein Glaube an Jesus war meine einzige Kraft

Mein Vertrauen und mein Glaube an Gott war in diesen schwierigen Zeiten meine größte und einzige Kraft. Meine Eltern sind Christen und haben uns Kindern von klein auf gesagt, wie wichtig es ist zu glauben. Im Laufe der Jahre kam ich immer wieder in Situationen, in denen ich erlebte, wie sich durch Gottes Gnade die Perspektive auf mein Leben positiv veränderte. Es ist ein riesiger Vorteil, an Jesus Christus zu glauben und zu wissen, dass mein Wert in seinen Augen nicht von meinem sportlichen Erfolg abhängt. Es gibt Phasen, in denen ich mich selbst nicht als „Vorzeigechrist" sehe, aber es hilft mir, mich immer wieder daran zu erinnern, wer Jesus Christus ist und dass er für mich am Kreuz starb. Das gibt mir Kraft, weiterzugehen. Durch Gebet und Bibellesen bin ich auch im Alltag mit ihm verbunden.

Ich bin überzeugt, dass Jesus alles ist, weil wir nur in ihm das wahre, ewige Leben haben. Leben im Überfluss, mit der wunderbaren Verheißung der Ewigkeit. In guten wie in schlechten Zeiten habe ich auf nichts anderes vertraut, als allein auf Jesus Christus. Er kennt den besten Weg für mich und meine Fußballkarriere und das schenkt mir tiefen inneren Frieden, einen Frieden, den niemand anderes geben kann als nur Jesus allein.

Wenn ich zurückblicke, wusste ich immer, dass Gott mich nie verlassen hat und hinter allem steht. Auch in Momenten meiner Fußballkarriere, in denen ich mich ohnmächtig fühlte. Besonders die letzten zwei Jahre in der Bundesliga waren für mich wie ein Wunder. Deswegen sag ich dir, vertrau auf Gott, vertrau auf dein Können und höre niemals auf zu träumen. Arbeite hart und mit Gott sind alle Dinge möglich.

TAIWO AWONIYI

QUELLE: FUSSBALL MIT VISION E.V. / SRS E.V.

Zé Roberto

José Roberto da Silva Júnior

DER KAMPF UMS TÄGLICHE BROT

EIN KAMPF UMS ÜBERLEBEN

Fußballspieler in einer großen Mannschaft zu sein: Das ist der Traum vieler Jungen. Auch ich habe als Kind viel geträumt, nahe den Slums von São Paulo. Dort habe ich auch Fußball spielen gelernt. Barfuß, weil wir zu arm waren, um Schuhe zu

FOTOGRAF / KÜNSTLER: SANDRA BEHNE VIA GETTY IMAGES.

kaufen. Meistens bin ich nur zur Schule gegangen, um dort Fußball zu spielen. Als ich am 6. Juli 1974 in Inpiranga das Licht der Welt erblickte, sah die Zukunft unserer Familie nicht gerade rosig aus. Es war ein ständiger Kampf ums Überleben.

MUTTER ARBEITETE IMMER

Ich bin in São Miguel Paulista aufgewachsen, einem sehr armen Stadtteil im Ostviertel von São Paulo. Es war nicht direkt in den Slums, aber ganz dicht dabei. Das Leben bei uns zu Hause war einfach und beschwerlich. Neben meinen Eltern und mir lebten noch fünf Geschwister in unserer äußerst bescheidenen Wohnung, dazu noch drei Neffen. Ich musste mit drei anderen in einem Zimmer schlafen. Aber die meiste Zeit lebte ich ja ohnehin auf der Straße.

Es war extrem schwierig eine bezahlte Tätigkeit zu finden. Ich kann mich nur daran erinnern, dass meine Mutter immer arbeitete. Eine richtige Beziehung zu meinem Vater hatte ich eigentlich nie. Als ich noch klein war, nahm er mich zumindest noch zur Kenntnis. Er hatte nie viel Kontakt mit uns Kindern und schenkte uns keine besondere Aufmerksamkeit, denn wir waren ihm nicht halb so wichtig wie der Alkohol.

TOTAL VERÄNDERT

Nachdem unser Vater eines Tages das Weite gesucht hatte, stand meine Mutter ganz alleine da. Sie hatte ihre liebe Not, genügend Nahrung für so viele hungrige Mäuler herbei zu schaffen. Zeitweise hatte sie zwei bis drei Jobs parallel. Sie brauchte für sich selbst eine Kraftquelle und geriet eines Tages in eine Kirche, um einfach mal zur Ruhe zu kommen und die Gedanken zu sammeln. Hier muss sie ein Erlebnis gehabt haben, das sie total veränderte. Sie sprach auf einmal von Gott und erzählte uns, dass wir auf Jesus vertrauen sollten, denn er würde uns in der schwierigen Situation helfen.

Zuerst habe ich mir das ruhig angehört und war froh, wenn ich dann wieder auf der Straße Fußball spielen konnte. „Vielleicht hat sie einen frommen Tick bekommen?", dachte ich, „der sicher in ein paar Wochen wieder vorüber ist." Aber ich stellte fest, dass die Veränderungen bei unserer Mutter von Dauer waren. In ihrem Leben schien jemand da zu sein, mit dem sie über alles reden konnte – und trotz unserer verfahrenen wirtschaftlichen Situation strahlte sie eine Ruhe und Gelassenheit aus, die man mit natürlichen Dingen nicht erklären konnte.

WICHTIGER ALS DIE LIEBE ZUM FUSSBALL

Es dauerte nicht lange, da merkte ich, dass dieser Gott, von dem Mutter immer sprach, auch mit mir etwas zu tun haben wollte. Ich fing an die Bibel zu lesen.

In der Bibel las ich, dass Gott selbst unser Vater sein wollte. Ich las dort auch, dass Gott nicht nur Vater für mich sein will, ein Vater, den ich nie hatte, sondern dass er zudem etwas Besonderes mit mir vorhat.

Das hatte nichts mit irgendwelchen Formeln oder Ritualen zu tun, sondern einfach mit einem Angebot, das ich in dieser Situation als Kind annahm. Diese Entscheidung war für mein Leben noch wichtiger als die Liebe zum Fußball. Sie sollte mein ganzes Leben bestimmen und mich total verändern.

Meine Entscheidung für ein Leben mit Jesus hat einfach alles in meinem Leben verändert. Ich habe die Liebe Gottes entdeckt.

AUFNAHMETEST

An den Wochenenden gingen wir zur Fußballschule „Pequeninos do Joquey". Wir waren dort Mitglieder und spielten da immer Fußball. Um zum Trainingsplatz zu kommen, mussten wir mit zwei Buslinien und einer U-Bahn fahren. Eines Tages erzählte mir meine Mutter begeistert, dass man bei den Vereinen Portuguesa und Corinthians einen Aufnahmetest machen konnte. Zu der Zeit war ich 14 Jahre alt.

Der Moment kam, als wir zum Vereinshaus eingeladen wurden, um zu erfahren, wer dabei war. 25 von 1.000 waren es bei der letzten Auswahlrunde gewesen, und von diesen 25 sollten nur sieben oder acht dann in den Jugendkader von

Portuguesa aufgenommen werden. Als ich mit meiner Mutter gemeinsam im Büro des Trainers saß und er uns mitteilte, dass sie mich ausbilden wollten, flippte ich völlig aus!

So etwas hatte ich mein ganzes Leben noch nicht erlebt: Ich war dabei!!! Mein Weg führte mich über das Jugendinternat und die Jugendmannschaft schließlich in den Profikader von Portuguesa São Paulo.

DER ERSTE PROFIVERTRAG

Es kam der Tag, an dem meine Mutter für mich den ersten Profivertrag unterschrieb. Damals war ich 19 Jahre alt. Bei Portuguesa São Paulo gehörte ich von 1992 bis 1996 zur Profimannschaft und machte insgesamt 61 Erstligaspiele für den Club. Ich habe dort viele schöne Spiele erlebt und wurde in dieser Zeit zum Nationalspieler. 1995 stand ich zum ersten Mal im gelben Trikot der Nationalelf am Mittelkreis und durfte erleben, wie sich die brasilianische Nationalhymne anhört, wenn man einer von elf ist.

1990 hatte ich mit Freunden bei der WM vor dem Fernseher gesessen und unseren Stars zugejubelt und nun stand ich selbst im Nationaltrikot auf dem Rasen. Das war ein weiterer Traum von mir, der sich erfüllt hat. Nach einer kurzen Zeit bei Real Madrid in Spanien führte mein Weg nach Rio de Janeiro in Brasilien zurück.

BAYER LEVERKUSEN

Die Zeit in Rio de Janeiro sollte nur von kurzer Dauer sein. Denn nachdem ich mich in Brasilien wieder eingelebt hatte, saß eines Tages mein Manager mit einem äußerst schwergewichtigen Deutschen namens Reiner Calmund zusammen und bastelte an einem Vertrag für ein Engagement in der Bundesliga. Bayer Leverkusen hatte großes Interesse an mir. Ich bin bis heute der festen Überzeugung, dass es kein Zufall war, dass ich nach so kurzer Zeit in Rio de Janeiro doch wieder in Europa landete und in der Bundesliga spielen durfte.

Wenn ich ein Tor geschossen hatte, lüftete ich gern mein

T-Shirt und auf meinem Unterhemd stand eine Botschaft, die ich selbst in meinem Leben erfahren hatte: Jesus liebt dich!

BAYERN MÜNCHEN

Später, als ich bei Bayern München spielte, haben wir (meine Frau Luciana, unsere zwei Kinder und ich) auch in München Freunde gefunden. Wir gingen in eine brasilianisch-evangelische Kirche und fühlen uns da sehr wohl. Dort traf ich auch jeden Sonntagabend Cacau, der beim 1. FC Nürnberg spielte und dann zum VfB Stuttgart gewechselt ist.

In dieser Gemeinde fand ich echte Freunde. Oft kam auch Marcelo Bodron, der mit dem VfB Stuttgart in der Saison 2002/2003 mit der direkten Champions-League-Qualifikation eine super Leistung vollbracht hat.

ER HAT MEIN LEBEN REICH GEMACHT!

Ich möchte immer das tun, was Gott für mein Leben für richtig hält. Denn er hat mein Leben bisher in jeder Beziehung reich gemacht. Als ich angefangen habe das zu schätzen, was in der Bibel steht, hat Gott auch angefangen meine Träume zu schätzen. Und er hat viele meiner Träume wahr werden lassen.

Als ich angefangen habe, Gott ernst zu nehmen, hat Gott sich an die Erfüllung meiner tiefsten Träume begeben. Ich wollte immer Fußballprofi werden, und spielte schließlich bei einem der besten Vereine der Welt.

Aus dem Buch : Zé Roberto, Traumpass ins Leben
Aufgezeichnet von Stephan Volke

ISBN 3-87067-982-4

ZÉ ROBERTO

Jahrgang 1974, verheiratet, drei Kinder, Nationalität Brasilien, ehem. Mittelfeldspieler

Vereine: Pequeninos de Joquey (1981-93),
Portoguesa Sao Paulo (1994 - März 97),
Real Madrid (März bis Dezember 1997),
Flamengo Rio de Janeiro (Jan. bis Juni 98),
Bayer 04 Leverkusen (1998 - 02)
FC Bayern (2002-06) FC Santos (2006-07)
FC Bayern (2007-2009) Hamburger SV ab 2009
Hamburger SV (2009-2011)
Al-Gharafa (2011–2012)
Grêmio (2012–2014)
Palmeiras São Paulo (2015–2017)

Erfolge: Deutscher Meister 2003, 2005, 2006, 2008
DFB-Pokalsieger 2003, 2005, 2006, 2008
DFB-Ligapokalsieger 2004, 2007, 2008
Spanischer Meister 1997
Spanischer Superpokalsieger 1997
Champions League Sieger 1998
Katarischer Pokalsieger 2012
Brasilianischer Pokalsieger 2015
Brasilianischer Meister 2016
WM-Teilnehmer 1998, 2006
Gewinner der Regionalmeisterschaft von Sao Paulo 2007)
Copa America-Sieger 1997, 1999
Confederations-Cup-Sieger 1997, 2005

Zé Roberto spielte bis Saisonende 2008/2009 bei den Münchner Bayern. Danach folgte sein Wechsel in den hohen Norden zum Hamburger SV. Schnell spielte er sich auch hier durch seinen Einsatz und seine Spielweise in die Herzen seiner Fans und wurde zu einer festen Größe in seiner Mannschaft. Im Gespräch mit SRS äußerte sich Zé Roberto über seinen Glauben an Jesus Christus: „Für mich ist es eine große Freude und Befriedigung, immer wieder von Gott zu sprechen.

Oft redet man nur über oberflächliche, alltägliche Dinge, aber wenn wir von Gott reden, dann lernen wir etwas dazu und das versuche ich im täglichen Leben.

Die Bibel ist ein Gebot, das Gott, unser Vater, uns gegeben hat. Wir können daraus viel für unseren praktischen Alltag lernen. Unser Leben ist letztlich begrenzt, wir sind nur Reisende. Wenn wir so leben wollen, wie es Gott gefällt, müssen wir die Orientierung in seinem Wort suchen. Ich selber bin dadurch eines Tages frei geworden. Wenn ich die Bibel lese, entdecke ich wunderbare Verse, im Johannesevangelium, Kapitel 8, Vers 32 heißt es: ‚Und ihr werdet die Wahrheit erkennen, und die Wahrheit wird euch freimachen. Wenn euch der Sohn freimacht, seid ihr wirklich frei.' Dank dieser Freiheit, die ich durch Jesus erhalten habe, bin ich frei, um von der Größe Gottes zu berichten. Jesus möchte, dass alle Menschen frei werden, denn sein Plan ist es, alle zu suchen, die verloren sind.

In der Bibel finde ich Beispiele von Männern des Glaubens. Auch ich versuche meinen Glauben in die Praxis umzusetzen. Ich will in den Geboten des Herrn seinen Willen erkennen und ihn tun, anstatt meinen eigenen Wünschen nachzugehen.

Es ist ganz wichtig zu hören, was Gott uns in der Bibel sagen will. Die Bibel spricht davon, dass der Glaube durch das Hören kommt und deshalb sollten Sie zuerst zuhören. Während wir lesen, unterrichtet die Bibel uns und wir lernen dazu.

Gerade für mich als erfolgreichen Sportler ist ein Bibelvers besonders wichtig: 'Himmel und die Erde werden vergehen, meine Worte aber werden nicht vergehen.' (Lukas, Kapitel 21, Vers 33) Gott hat einen Plan auch für dein Leben, und heute lädt er dich ein, die Entscheidung für ihn zu treffen, sein Wort anzunehmen und Jesus zu folgen. Denn das ist der einzige Weg. Gott segne dich."

Zé Roberto

QUELLE: SRS E.V. / WWW.SRSONLINE.DE

KEINEN DRAHT ZUM GLAUBEN

MANUEL BÜHLER

JAHRGANG: 1992 ***GRÖSSE:*** 185 cm
GEWICHT: 79 kg ***VEREINE:*** TGV Entringen, SSV Reutlingen, 1.FC Nürnberg, 1860 München, Stuttgarter Kickers
POSITION: Abwehr (IV,RV) und Mittelfeld (ZDM) ***LIEBLINGSVERSE AUS DER BIBEL:***
Matthäus 16,26 (Neues Testament)
Sprüche 3,5 (Altes Testament)

Foto: A. Wild

Im Alter von sechs Jahren wollte ich unbedingt in einen Fußballverein eintreten und der Tag, an dem mich mein Vater anmeldete, war etwas ganz besonderes für mich. Niemand sonst in meiner Familie war besonders an Fußball interessiert, aber für mich war Fußball alles!

Ich wollte nicht viel mit Gott zu tun haben

Trotz gläubiger Eltern hatte ich nie einen Draht zum religiösen Leben. Ich ging zwar in die Kirche, aber nur um meinen Vater zufrieden zu stellen. Ich fand es langweilig. Für mich war Gott jemand, der Regeln für Menschen aufstellte, damit wollte ich nicht viel zu tun haben.

Im Dorf spielte ich bis zur D-Jugend. Durch die Bezirksauswahl bekam ich Kontakt zum SSV Reutlingen, der damalig besten Mannschaft in der Region. Ich wechselte dorthin und spielte vier Jahre, in denen ich viel lernte.

Mit 16 Jahren wurde man überregional auf mich aufmerksam und ich wechselte zum 1.FC Nürnberg. Ab da gab es nur noch Fußball für mich, auch wenn ich immer wieder mit Heimweh kämpfte, da ich nach Nürnberg ziehen musste.

Schwere Zeiten

Das erste Jahr lief super, ich wurde sogar zum Kapitän bestimmt. In der A-Jugend wechselte dann der Trainer und ich wurde kaum noch aufgestellt. Es begann eine schwere Zeit für mich und zeitweilig verging mir die Freude am Fußball.

Parallel zum Sport besuchte ich die staatliche Fachoberschule in Nürnberg – eine große zeitliche Herausforderung, speziell in Prüfungsphasen. Ich bat meine Mutter, mir zu helfen, einen Nachhilfe-Lehrer zu finden. In dieser Zeit kam sie in Kontakt mit SRS, einer christlichen Sportorganisation, und erfuhr von der Möglichkeit einer Betreuung junger Leistungssportler vor Ort durch einen Sportmentor. Tatsächlich gab es in Nürnberg einen SRS-Sportmentor, der mit mir

Kontakt aufnahm. Sein Name war Christoph.

Wir trafen uns nach einem Fußballspiel und gingen etwas Essen. An diesem Abend führten wir ein sehr tiefes Gespräch. Er erzählte mir von Jesus, der Arbeit von SRS und deren Idee, Glaube und Sport zu verbinden. Diesen Zusammenhang hatte es bisher für mich nicht gegeben. Ich liebte Fußball. Von der Kirche und Gott hatte ich ein verstaubtes, von Regeln bestimmtes Bild. Aber dieses Gespräch berührte mich sehr.

Ich spürte eine tiefe Sehnsucht nach Gott

Während des Gesprächs spürte ich eine tiefe Sehnsucht nach Gott und ich hatte irgendwie das Gefühl, dass Jesus an mein Herz klopft. Als ich dann nach Hause kam, betete ich – etwas, was ich seit langer Zeit nicht getan hatte. Ich betete von ganzem Herzen und sagte: „Jesus, wenn es dich wirklich gibt, möchte ich dich kennenlernen und dir mein Leben geben.“ Dieses Gebet war rückblickend wie ein Startschuss.

Durch Christoph kam ich nicht nur wieder neu in Kontakt mit Jesus, sondern er half mir auch bei den Prüfungsvorbereitungen, lud mich zu sich nach Hause und zu Sportlergottesdiensten ein. Am Ende der Saison wurde ich überraschenderweise als A-Jugend-Spieler für die 2.Mannschaft nominiert und machte mein erstes Regionalligaspiel. Kurze Zeit später folgten dann die ersten Trainingseinheiten unter Dieter Hecking in der Bundesligamannschaft des 1.FC Nürnberg. Nach der schwierigen Zeit auf der Ersatzbank ein echtes Highlight!

Foto: W.Zink.

Jesus bietet eine lebendige Beziehung an

Seit dem ersten Gespräch mit Christoph wuchs mein Glaube immer weiter. Mir wurde bewusst, dass es nicht darum ging, religiös zu sein oder bestimmte fromme Rituale einzuhalten, sondern dass Jesus Interesse an mir persönlich hat und mir eine lebendige Beziehung anbietet. Er ist für meine Sünden am Kreuz gestorben und auferstanden, damit ich im Glauben an Ihn ewiges Leben bekommen kann. Das ist das Einzige, was zählt! Ich fing an, vor dem Schlafengehen in der Bibel zu lesen und zu beten. Das gab mir neue Kraft und einen ungewohnt festen Halt in meinem Leben.

Ich kam in Kontakt mit anderen Profis, deren Glauben kein verstaubtes religiöses Leben war, sondern sehr lebendig. Besonders bewegte mich Ze Roberto, als er von seinem Glauben sprach. In dieser Zeit erlebte ich viele Dinge, die mich mitten ins Herz trafen. Für mich ist heute ganz klar: Die Beziehung zu Jesus ist das Wichtigste in meinem Leben. Sie hat mich verändert und meinem Leben eine neue Perspektive geschenkt. Jesus ist mein treuer Begleiter. Ich darf ihm vertrauen, auch wenn es mal anders läuft als ich es mir vorstelle. Er nimmt mich an, so wie ich bin.

Manuel Bühler

mbuehler@fussballmitvision.de

Rio2016
adidas
7
17
17

MELANIE BEHRINGER

NATIONALITÄT: Deutschland ***VEREINE:*** u.a. SC Freiburg, 1. FFC Frankfurt, FC Bayern München ***POSITION:*** Mittelfeldspielerin ***JAHRGANG:*** 1985 ***TITEL:*** u.a. Weltmeisterin, Europameisterin, DFB-Pokal Siegerin, Deutsche Meisterin, Olympiasiegerin und Olympia-Torschützenkönigin

Der Olympiasieg war der absolute Höhepunkt meiner Laufbahn

Mit nur einem Kurzeinsatz verlief die Frauen-Fußball EM 2013 für mich sehr enttäuschend und ich stand in der Nationalmannschaft vor dem Aus. In der Bundesliga wechselte ich 2014 vom 1. FFC Frankfurt zurück zum FC Bayern München, mit dem ich in den folgenden beiden

Jahren als Spielführerin zwei Deutsche Meisterschaften feiern durfte. Durch den Wechsel zum FC Bayern habe ich mich sportlich noch einmal enorm weiterentwickeln können, was mir auch in Bezug auf die Nationalmannschaft geholfen hat.

Bei der WM 2015 in Kanada hatte ich zwar immer noch die Rolle der Einwechselspielerin inne, aber die Einsatzzeiten wurden wieder mehr. Hinzu kam, dass ich endlich auf meiner Lieblingsposition, im defensiven Mittelfeld, spielen durfte.

Dass ich ausgerechnet bei den Olympischen Spielen 2016 in Brasilien als Stammspielerin mein bestes Turnier bestreiten konnte, verdanke ich allein Gottes Gnade über meinem Leben. Wir wurden Olympiasieger und ich persönlich noch Torschützenkönigin des Turniers. Während des Tiefpunktes bei der EM 2013, legte ich meine ganze Zukunft in Gottes Hände. Ohne ihn wäre ich damals sehr wahrscheinlich aus der Nationalmannschaft zurückgetreten. Doch ich blieb und durfte im Anschluss erleben, wie Jesus' wunderbarer Plan für mein Leben Realität wurde. Der Olympiasieg war der absolute Höhepunkt meiner sportlichen Laufbahn und ich bin Jesus unendlich dankbar für diesen überreichen Segen. Er gibt mir die innere Ruhe, die Kraft und Stärke für mein Leben.

Nach 16 Jahren im Profifußball, mit all seinen Höhen und Tiefen, ging meine Zeit als aktive Spielerin mit der Saison 2018/2019 zu Ende. Ich weiß aber ganz bestimmt, dass Gottes Plan für mein Leben nach meiner Fußballkarriere weitergeht.

Melanie Behringer

QUELLE: SRS E.V. / WWW.SRSONLINE.DE

GEBETE

Einsamkeit

Wo sind meine Freunde?? Man kann sich in einer Großstadt mit Millionen von Menschen befinden und trotzdem ist die Einsamkeit wie ein hartnäckiger Schatten. Ein Schatten, den man abschütteln möchte. Wenn es jemanden gäbe, mit dem man reden könnte. Hörst du mich, Jesus? Komm ein bisschen näher Jesus, ich möchte mit dir reden! Vertreibe die Einsamkeit und sprich mit mir, Jesus! Ich will hören - und ich will ein treuer Freund für die sein, die einsam sind.

Furchtbare Angstzustände

Jesus, ich habe furchtbare Schmerzen in meiner Seele. Es tut so weh. Vor lauter Schmerzen möchte ich meinen Kopf gegen die Wand schlagen. Ich weiß nicht, wie ich diesen Angstzustand loswerden kann. Hilf mir, dass ich wieder Frieden in meinem tiefsten Inneren bekomme. Gib mir Trost und neuen Mut. Vergib mir, wenn ich schwach geworden bin. Zeige mir, ob es Sünde in meinem Leben gibt, die mich belastet. Vergib mir alle meine Sünden, Fehltritte und falschen Entscheidungen, die ich gemacht habe. Setze meine Füße auf festen Boden, auf den Fels. Du bist mein Fels, Jesus. Ich will nicht wieder im Sumpf der Angst versinken.
Gib mir Ruhe wie in einem sicheren Hafen.
Es war eine stürmische Zeit, mitten auf dem Ozean.
Ich habe kein Land gesehen, ich war so allein, Jesus.
Du bist mein Hafen der Geborgenheit.

Ich war überzeugt: Fußball und Glaube, das passt nicht zusammen

CHRISTIAN MAUERSBERGER
VEREINE: VFB Annaberg, Chemnitzer FC, Schalke 04, FSV Zwickau, Rielasingen, SGV Freiberg
GEBURTSDATUM: 20.04.1995
GRÖSSE: 1,70 m **GEWICHT:** 64 kg **POSITION:** Mittelfeld
LIEBLINGSBIBELVERS: Markus 12,29-31

FOTO: WAGNER & HESSLAND-WISSEL

Prägung

Zusammen mit drei jüngeren Geschwistern bin ich in einem liebevollen Elternhaus im wunderschönen Erzgebirge aufgewachsen. Dort begann ich auch mit fünf Jahren beim VfB Annaberg mit dem Fußballspielen. Da ich bei einem Leistungstest überzeugen konnte, wechselte ich mit 12 Jahren an die Sportschule nach Chemnitz, wo ich alle Nachwuchsmannschaften beim Chemnitzer FC durchlief.

Das war eine großartige und prägende Zeit, denn meine Mannschaftskollegen waren gleichzeitig auch meine Klassenkameraden. Wir teilten nicht nur unser Leben im Internat, sondern auch den Traum, eines Tages Fußballprofi zu werden. Dieser Traum erfüllte sich, als ich an meinem 18. Geburtstag meinen ersten Profivertrag beim Chemnitzer FC unterschrieb und gleich bei meinem Startelfdebüt gegen RB Leipzig mein erstes Tor als Profifußballer erzielte. Nach zwei Jahren in Chemnitz folgten zwei Jahre in der U23 von Schalke 04 und ein weiteres Jahr in der 3. Liga beim FSV Zwickau.

Junioren-Nationalmannschaft

Meine sportlichen Highlights erlebte ich jedoch in den Jahren zuvor, als ich insgesamt 14 Länderspiele für die deutschen Junioren-Nationalmannschaften zwischen der U15 und U19 absolvieren durfte. Es war ein unbeschreibliches Gefühl, zum ersten Mal die Nationalhymne zu singen, den Adler auf der Brust zu tragen und gemeinsam mit Spielern wie Joshua Kimmich, Serge Gnabry, Leon Goretzka und Niklas Süle auf dem Platz zu stehen. Ich bin bis heute sehr dankbar für all die schönen Erlebnisse, die wertvollen Erfahrungen und die Möglichkeit, mit dem DFB verschiedene Länder bereist zu haben.

Den positiven und gleichzeitig auch negativen Höhepunkt erlebte ich in meinem letzten Länderspiel für die U19 Nationalmannschaft gegen Frankreich, wo ich mein 1. Tor für Deutschland erzielte und nur wenige Minuten später eine schwere Verletzung am Syndesmoseband erlitt. Es zeigte mir, wie nah manchmal pure Freude und bittere Enttäuschung beieinander liegen können.

Erstkontakte mit lebendigem Glauben

Obwohl ich als Kind traditionell evangelisch aufwuchs und meine Mutter ihr Christsein zu Hause vorlebte, verschloss ich mich schon früh vor dem Glauben an eine Religion oder einen Gott. Ein Statement, das ich damals hörte, nämlich dass Fußball und Glaube nicht zusammenpassen würden, führte dazu, dass ich mit diesem Gott nichts zu tun haben wollte. Dennoch betete meine Mutter weiter für mich und tatsächlich veränderte sich mein Gottesbild einige Jahre später.

Beim Besuch eines christlichen Fußballcamps lernte ich einige Jungs eines amerikanischen Teams kennen und war fasziniert davon, mit welcher Leidenschaft sie von ihrem Glauben an

Jesus erzählten und wie sie ihren Glauben lebten. Sie zeigten mir, dass man doch Fußball spielen und an Gott glauben kann. Organisator dieses Camps war ein Pastor und ich war sehr interessiert, mal einen seiner Gottesdienste zu besuchen. Da dieses aber durch die Spiele und das Training am Wochenende schwierig war, bot er mir an, den Gottesdienst in mein Wohnzimmer zu bringen. So entstand kurze Zeit später bei mir zu Hause ein Bibelkreis mit einigen meiner Mannschaftskollegen.

Doppelleben

Dieser Bibelkreis war zunächst ein großer Segen für mich, da ich viel über Gott und die Bibel lernte. Doch der Fußball blieb die höchste Priorität in meinem Leben. Jesus wurde immer mehr zu einem Glücksbringer oder einer Kraftquelle für mich, die meist dann eine Rolle spielte, wenn es mir schlecht ging. Nur am Donnerstagabend zum Bibelkreis war ich „Christ". Von Freitag bis Mittwoch lebte ich ein ganz anderes Leben mit vielen Partys, vielen Nächten im Rotlichtmilieu oder im Casino. Ich führte ein Doppelleben und obwohl ich versuchte, nach außen den Schein zu wahren, sah es in meinem Herzen ganz anders aus. Es fühlte sich an, als hätte ich einen schweren Rucksack mit viel Ballast, der mich immer weiter nach unten zog.

Leider ging es dann auch die Jahre danach bei Schalke und Zwickau so weiter. Ich habe viele falsche Entscheidungen getroffen und machte viele Dinge, von denen ich wusste, dass sie mir nicht guttaten, und vor allem, dass sie falsch waren. Doch ich hatte sie einfach in eine Schublade gesteckt und weggeschlossen – ich hatte mit niemandem darüber geredet, weil ich mich unendlich schämte, weder mit meiner Familie noch mit meinen Freunden und auch nicht mit Gott. Ich traute mich auch nicht mehr zu beten, denn vor Gott war meine Scham am größten. Viele Jahre habe ich meine Familie, mein Umfeld, mich selbst und vor allem Gott belogen. Somit wurde mein Rucksack immer schwerer. Doch wer redet schon gern über seine Verfehlungen, über die Dinge, für die man sich schämt? In unserer Gesellschaft und vor allem als Fußballer darf man doch keine Schwäche zeigen, dachte ich jedenfalls. Bis ich darin den Schlüssel zu meinem neuen Leben fand.

Neues Leben in Christus

Nachdem 2018 mein Vertrag in Zwickau auslief, fuhr ich für einen Kurztrip an den Bodensee, um Freunde zu besuchen. Ich ahnte nicht, dass es die besten zwei Wochen meines Lebens werden sollten. Ungeplant landete ich in einer Kirche. Dort lernte ich Christen kennen, die genau dieses Leben führten, nach dem ich mich tief im Herzen sehnte. Sie luden mich ein, einige Tage bei ihnen zu bleiben. In dieser Zeit fing meine „fromme" Fassade plötzlich an zu bröckeln. Ich begann in der Bibel zu lesen und durfte erkennen, dass nur Jesus allein der Weg, die Wahrheit und das Leben ist.

Gott zeigte mir, dass für ihn keine Sünde zu groß und

kein Ballast zu schwer ist. Er hat seinen einzigen Sohn, Jesus Christus, in unsere Welt gesandt, damit er uns errettet und von allen Sünden befreit. Denn „…wie sehr Gott uns liebt, beweist er uns damit, dass Christus für uns starb, als wir noch Sünder waren" (Röm 5,8). Diese Erkenntnis führte dazu, dass ich mich vor Gott beugte, ihm jede Schublade öffnete und laut aussprach, was darin lag. Endlich konnte ich auch mal Schwäche zeigen.

Doch Gott sagt: „Du brauchst nicht mehr als meine Gnade. Je schwächer du bist, desto stärker erweist sich an dir meine Kraft" (2.Kor 12,9). Nach dieser kurzen, aber intensiven und lebensverändernden Zeit am Bodensee, ließ ich mich taufen und entschied zunächst, mich aus dem Profifußball zurückzuziehen. Stattdessen absolvierte ich zunächst ein einjähriges Praktikum in der Kirche, wo Jesus Christus mir begegnete.

Freiheit

Ich bin Gott unendlich dankbar, dass er mir den schweren Ballast von den Schultern nahm und mir einen tiefen inneren Frieden mit einer ewigen Hoffnung, die weit über den Tod hinaus reicht, in mein Herz legte. Er öffnete mir die Augen und schenkte mir ein neues Leben, denn viele Jahre war Fußball meine oberste Priorität. Mein Hobby sowie meine Leidenschaft waren zu meinem Beruf, ja sogar zu meiner Identität geworden.

Doch nun weiß ich, dass kein Titel, kein Geld, keine Partys, kein Tor vor mehreren Tausend Zuschauern wirkliche Erfüllung bringen. Auch nicht der Moment, als ich mit Stolz die Nationalhymne singen und mit dem Adler auf der Brust für Deutschland spielen durfte, konnte mich auch nur ansatzweise so erfüllen, wie die Liebe Gottes, die er dir und mir durch seinen Sohn Jesus Christus erwiesen hat. „Aber seit ich Christus kenne, ist für mich alles wertlos, was ich früher für so wichtig gehalten habe" (Phil 3,7).

Für Gott ist es egal, ob wir erfolgreich sind oder nicht, ob unser Konto voll ist oder nicht, ob wir in der Champions League spielen oder in der Kreisliga. Seine Liebe zu uns ist bedingungslos. Und ich wünsche mir von ganzem Herzen, dass auch du diesen Gott suchst, ihn kennenlernst und ihm dein Leben anvertraust. Er ist in diesem Moment nur ein Gebet weit entfernt.

Inzwischen studiere ich Theologie, spiele nebenbei Fußball in der Oberliga und darf gemeinsam mit anderen gläubigen Fußballern in dem Projekt „Fußball mit Vision" die beste Botschaft der Welt, nämlich das wundervolle Evangelium von Jesus Christus, in die Sportwelt hinaustragen.

Christian Mauersberger

QUELLE: FUSSBALL MIT VISION E.V. / SRS E.V.

Gemobbt

Warum lachen alle über mich?
Seh ich komisch aus?
Vielleicht bin ich nicht wie alle anderen?
Etwas stimmt nicht bei mir.
Aber du, Jesus, liebst mich, das ist mir ein Rätsel.
Lass mich an deinem Feuer wärmen. Hoffnung und Liebe!
Das Größte ist die Liebe.
Es bläst ein kalter Wind da draußen,
aber hier, in deiner Nähe, Jesus,
darf ich mich erwärmen und mein
Selbstwertgefühl wieder zurückgewinnen.
Wer hat mir das geraubt?

Schuldgefühle

Lieber Jesus, du weißt genau, wie ich mich fühle.
Mir geht's total dreckig!
Aber danke, dass du bei mir bist
und mir all meine Schuld vergibst.
Im Namen Jesu müssen alle finsteren
Gedanken aus meiner Gedankenwelt fliehen.
Ich will deine Gedanken, die mir Frieden,
Kraft und Freude geben, in mir tragen.
Du bist mein bester Freund – danke!

KINGSLEY EHIZIBUE

VEREIN: 1.FC Köln ***POSITION:*** Rechter Verteidiger
LIEBELINGS-BIBELVERSE: Psalm 23 / Johannes 3,16 / Epheser 3,20 / Römer 8,38-39

Der Glaube musste für mich erst persönlich werden

Es gehört zu den großen Highlights meines Lebens, dass ich Fußball spielen kann und meinen Traum verwirklichen konnte, Profifußballer zu werden. Die Reise begann im Jugendteam des PEC Zwolle in den Niederlanden. Fußballprofi zu werden war bereits zu dieser Zeit mein größter Traum. Das wollte ich von ganzem Herzen. 2013/2014 unterschrieb ich meinen ersten Profi-Vertrag in Zwolle. Nachdem ich 2014 mein Debüt in der Eredivisie (1. Liga Holland) machte, folgten dort fünf weitere Jahre, ehe ich zum 1. FC Köln nach Deutschland wechselte. 2019 debütierte ich dort in der Bundesliga.

Meine Kindheit war sehr hart

Wenn ich auf meine Reise zurückblicke, dann war Gott immer dabei. Aber daran zu glauben und für das einzustehen, was Gott mir als Talent gegeben hat, war für mich als Kind sehr schwer – besonders, wenn man gesagt bekommt: „du schaffst das nie" oder „hör besser damit auf". Meine Kindheit war sehr hart und geprägt von Leid, Zerbruch, Lügen und jede Menge Ablehnung. Eine Zeit lang war ich sogar davon überzeugt, dass ich nur geliebt werden konnte, wenn ich stark spielte oder gut war. Und wenn ich schlecht spielte oder versagte, dann wäre ich nicht mehr wert wie ein Fehler oder gar nur Müll. Diese Angst wuchs über Jahre. Auch wenn es von außen nicht sichtbar war, brachte es mich innerlich um.

Doch auch in diesen Zeiten hat mich die Liebe und Gnade Gottes durchgetragen. Es hat mir unglaublich geholfen zu verstehen, dass Gott mich liebt und vor Grundlegung der Welt erwählte, nicht aufgrund meiner guten Taten, meiner Herkunft oder weil ich super spielte, sondern weil es immer sein Plan war, dass ich sein Kind sein sollte.

Glaube muss persönlich werden

Der Glaube an Gott spielte in meinem Leben schon immer eine wichtige Rolle. Meine Familie sind Christen und meine Eltern haben uns Kindern beigebracht, wie wichtig es ist, an Gott zu glauben. Doch dieser Glaube an Gott musste für mich erst persönlich werden. Als ich 20 war und nur an mich selbst glaubte, dachte ich, dass ich alles habe. Ich genoss das Leben und gleichzeitig schadete mir dieser Lebensstil extrem. Eines Tages verlor ich alles. Ich ging auf die Knie und bat Gott, mein Herr und Erlöser zu werden.

Ich bin sehr dankbar für meine Familie und Freunde, besonders Bart van Vliet und Frank Pullen. Ich wusste zwar, dass ich von Gott geliebt bin, aber diese Menschen haben mir Gottes Liebe durch ihre Taten gezeigt.

Ich lernte, wie wichtig es ist, gute Beziehungen zu haben, in denen man wirklich echt sein kann. Beziehungen, in denen man verletzlich oder schwach sein darf und nicht verurteilt wird, sondern angenommen ist. Diese Menschen wollen dich im Leben siegen sehen, auch wenn es sie selbst was kostet.

Mein Vertrauen auf Jesus zu setzen war das Beste, was ich tun konnte

Ich bin nicht perfekt, aber dank Jesus möchte ich in meiner Beziehung zu ihm wachsen. Das geschieht beispielsweise durch Bibel lesen, beten und christliche Kleingruppen. Ihm gebührt die Ehre in allem, was ich tue, weil er alles für mich ist. Jesus ist der Weg, die Wahrheit und das Leben.

Früher habe ich meine Hoffnung auf verschiedene Dinge gesetzt und wurde oft enttäuscht. Aber mein Vertrauen und meine Hoffnung auf Jesus zu setzen, das war das Beste, was ich tun konnte. Selbst wenn ich jetzt durch Tiefen gehen muss, geht er mit und gibt mir Frieden und Liebe, die ich für nichts in der Welt eintauschen würde. Er hat mich nie verlassen, selbst als ich von ihm weggerannt bin und alles Mögliche getan habe, das ihm nicht gefiel. Selbst da hat er mich geliebt und mich mit offenen Armen wieder willkommen geheißen.

Ich möchte dir sagen: Du bist ein Wunder. Du bist einzigartig. Du bist von Gott geliebt. Vertraue ihm, er wird dir treu sein und was Gott dir schenkt, kann dir niemand wegnehmen. Bleib auf deiner Spur. Manche Leute werden vielleicht denken, dass du spinnst, sie werden dich auslachen, aber sei dir sicher: Du bist besonders – gib dich niemals mit weniger zufrieden.

Kingsley Ehizibue

QUELLE: FUSSBALL MIT VISION E.V. / SRS E.V.

Mein Glaube wurde immer wieder auf die Probe gestellt

CONRAD AZONG

VEREIN: FC Progrès Niederkorn (Luxemburg 1.Liga)

POSITION: Stürmer ***LIEBLINGSVERS:*** Hebräer 12,1-2

FOTO: CHRISTIAN KEMP

Ich bin in Kamerun geboren, einem Land, in dem man Fußball immer wieder gerne im Fernsehen schaut und zum Spaß mit seinen Freunden auf der Straße spielt. Den Gedanken, damit Geld zu verdienen oder von einer Karriere als Profifußballer zu träumen hatte ich jedoch nie. Erst, als ich nach Deutschland umgezogen war, entwickelte sich so langsam der Traum und das Ziel, Fußballspielen zu meinem Beruf zu machen.

Als ich nach der A-Jugend beim FC St. Pauli den Sprung in den Profikader verpasste, spielte ich über mehrere Jahre bei verschiedenen Vereinen in der Regional- und Oberliga. In dieser Zeit machte ich auch mein erstes DFB-Pokalspiel gegen Hannover 96, was bis heute zu den absoluten Highlights meiner Karriere zählt. Obwohl ich überwiegend mit Fußball mein Geld verdiente, fühlte ich mich nie wirklich als Profi-Fußballer. Das änderte sich jedoch mit meinem Wechsel zum FC Progrès Niederkorn, mit dem ich momentan in der ersten luxemburgischen Liga spiele.

Gottes Wort hat mir die Augen geöffnet

Ich bin in einer katholischen Familie aufgewachsen, sodass ich mit dem Christentum schon früh in Berührung gekommen bin. Eine wirkliche Beziehung zu Gott hatte ich jedoch nicht, da der Glaube außerhalb der wöchentlichen Gottesdienstbesuche nicht wirklich existierte. Erst als ich mit 23 Jahren begann, in der Bibel zu lesen, wurde mir klar, wie sehr ich Jesus in meinem Leben brauche. Gottes Wort hat mir die Augen geöffnet und ich erkannte, dass ich durch meine Sünden von Gott getrennt bin und ohne Jesus das ewige Leben nicht bekommen werde (Johannes 3,36). Die Bibel spricht davon, dass wir geistlich tot sind in unserer Sünde und nur durch Jesus zu wahrem, ewigem Leben kommen können.

Schlag ins Gesicht

Nach meiner Bekehrung wurde mein Glaube aber auch immer wieder auf die Probe gestellt. In der Anfangszeit bei den Sportfreunden Lotte mussten wir als Team durch eine längere Corona-Pause, gefolgt von sechs harten Monaten Vorbereitung. Gleich im ersten Spiel für meinen neuen Verein brach ich mir nach einem Zusammenprall das halbe Gesicht. Wortwörtlich ein „Schlag ins Gesicht" nach allem, was ich mir in den Monaten zuvor erarbeitet hatte. Ich dachte mir: „Gott, wir sind doch zusammen hierher gewechselt, du hast mich hierhin gebracht und jetzt das?" Doch nach dem ersten Schock habe ich Gott wieder gepriesen und ihm die Ehre gegeben. Ich wusste tief im Inneren, dass ich ihm vertrauen konnte, weil er alles in seiner Hand hält. Mittlerweile sah ich mich nicht mehr nur als Fußballspieler, sondern als Christ, der Fußball spielt.

Es drängte mich, das Evangelium von Jesus weiterzugeben

Als ich mit dieser Verletzung in Osnabrück ins Krankenhaus eingeliefert wurde, begegnete ich einem krebskranken Mann, dem ich nach und nach die gute Botschaft von Jesus erzählen konnte. Kurze Zeit später wurde ich in ein anderes Krankenhaus nach Oldenburg verlegt, wo ich wieder mit einem Krebskranken das Zimmer teilte. Auch hier drängte es mich, das Evangelium von Jesus weiterzugeben.

Als ich dann wieder ins Training und zu meiner

Mannschaft zurückkehrte, merkte ich zunehmend, dass die Liebe Gottes mich immer mehr dazu brachte, auch meinen Mitspielern von Jesus zu erzählen. Das stieß jedoch nicht immer auf Annahme und Zuspruch. Schnell entwickelten sich Gruppierungen innerhalb der Mannschaft, die sich gegen mich stellten. Es ging sogar so weit, dass diese Gruppen zum Trainer gingen, um über mich zu sprechen. Auch wenn es mich anfangs irritierte, erinnerte ich mich, dass ich davon schon in der Bibel gelesen hatte. Menschen werden durch das Evangelium mit ihrer eigenen Schuld und Sünde konfrontiert. Das hat auch immer zur Folge, dass einige dieser Menschen sich dagegen aufbäumen. Obwohl es ab diesem Zeitpunkt zu einer schweren Saison für mich wurde, habe ich es gerne angenommen. Durch Gottes Wort wusste ich, dass es eine Ehre ist, für Gott zu leiden.

Nach dieser Saison war ich vereinslos und musste viele Probetrainings absolvieren, bei denen ich trotz guter Leistung eine Absage nach der anderen hinnehmen musste. Kurz vor Saisonbeginn erreichte mich dann auf wundersame Weise eine E-Mail eines Vereins aus Luxemburg, die einen Stürmer genau nach meinem Profil suchten. Gott hatte sich wieder einmal auf eine mächtige Art und Weise offenbart und ich unterschrieb zum ersten Mal in meinem Leben einen richtigen Profivertrag.

Wie man bei meinem Werdegang gut erkennen kann, gehören Höhen und Tiefen zum Leben dazu. Doch wenn wir auf Jesus schauen und unseren Blick stets auf ihn richten, dann wird er durch seinen Geist in uns wirken und uns befähigen, das zu tun, was ihm gefällt.

Gott ist fester Bestandteil meines Alltags. Das Gebet gibt mir Kraft, weil es mir immer wieder die Liebe Jesu bewusst macht, der am Kreuz für meine Schuld starb. Ich würde die Beziehung zu Jesus gegen nichts auf dieser Welt eintauschen.

Entweder „tot für die Sünde“ oder „tot in der Sünde“

Vor meiner Entscheidung für Jesus und dem daraus resultierenden Perspektivwechsel habe ich Menschen eingeteilt, beispielsweise in Fußballer, Schauspieler, Musiker, Arbeiter etc., genauso wie die Welt das macht. Heute, durch den Glauben, verstehe ich, dass es nur zwei Gruppen von Menschen gibt. In Christus oder in der Welt. Die einen sind „tot für die Sünde“, weil sie an Jesus glauben und keine Konsequenz mehr zu fürchten haben. Die anderen sind „tot in der Sünde“, weil sie nicht an Jesus glauben und dadurch keinen Retter haben. Das gibt mir den Mut, Menschen von Jesus zu erzählen, weil ich weiß, wenn sie nicht in Christus sind, wird sie der gerechte Zorn Gottes treffen. So bin ich aus seiner Liebe gedrängt, ihnen diese Botschaft des Evangeliums, wie sie in Johannes 3,16 steht, zu verkünden.

Conrad Azong

QUELLE: FUSSBALL MIT VISION E.V. / SRS E.V.

ENRICO VALENTINI

Ich fing an, die Bibel zu lesen und wurde neugierig

FOTO: GETTYIMAGES

In Nürnberg bin ich aufgewachsen. Meine Eltern sind aus Italien ausgewandert und meine beiden älteren Schwestern und ich sind in Deutschland geboren. Wir hatten damals ein Restaurant, über dem wir gewohnt haben. Das Lokal lag direkt gegenüber vom Trainingsgelände des 1. FC Nürnberg. Schon als kleiner Junge habe ich immer auf die andere Seite geschaut und „Ball, Ball“ gerufen.

Fußball hat alles bestimmt

So kam es, wie es kommen musste: Fußball wurde mein Leben! Fußball hat alles bestimmt und war an erster Stelle, teilweise noch vor der Familie, vor mir selbst und vor meinem Körper! Mir war relativ egal, was ich tun muss, um weiterzukommen.

Ein halbes Jahr nur auf der Bank

Mit vier Jahren durfte ich direkt beim 1.FC Nürnberg anfangen. Mein Traum war schon damals, Fußballprofi zu werden und nichts anderes. Die ersten Jahre haben sehr viel Spaß gemacht. Kleinfeld- und Hallenturniere waren zu der Zeit das Highlight. Als Nummer neun im Sturm habe ich damals auch viele Tore geschossen. Beim FCN durchlief ich alle Nachwuchsmannschaften bis zu den Amateuren.

Als ich 2010 zum VfR Aalen in die Profimannschaft gewechselt bin, habe ich schnell gemerkt, wie hart der Fußball sein kann. Ich wurde als erster Spieler für die neue Saison als „der Transfer" verpflichtet und saß dann ein halbes Jahr nur auf der Bank. Ich musste sogar in der 6. Liga bei der zweiten Mannschaft spielen. In meinen Augen hatte ich gut trainiert, bekam aber keine Einsätze und Chancen. Der Trainer hatte mich zwar geholt, setzte aber nicht auf mich. Für mich war das alles nicht verständlich.

Ich war erstmal skeptisch

2011 kam es dann dazu, dass Leandro Grech, ein Mitspieler von mir, bei sich zuhause einen sogenannten Sportler-Bibelkreis anbot. Ich war erstmal skeptisch – ist das eine Sekte? Was sind das für Menschen und über was sprechen die dort? Die Antwort war dann ganz einfach: Sie sprachen miteinander über die Bibel und den Sport. Ich selbst habe zwar an Gott geglaubt, aber sehr oberflächlich! Katholisch aufgewachsen kannte ich viele Rituale und wusste, dass es einen Gott gibt, doch bis dahin dachte ich, dass ich auch allein klarkomme.

In dem Sportler-Bibelkreis habe ich dann schnell mitbekommen, dass ich es mir nicht so einfach machen kann. Ich fing an, die Bibel zu lesen und wurde neugierig. Es waren viele Worte und Zusagen darin, die mich ansprachen. Das Lesen in der Bibel machte mir Gott und den Glauben erst richtig bewusst.

Dieser Vers hat mich bewegt

In Johannes 1,12 steht: “Aber wer sich ihm öffnete, denen verlieh er das Recht, Kinder Gottes zu werden.“ Dieser Vers hat mich bewegt und etwas in mir ausgelöst. Er hat mir gezeigt, dass Gott mich liebt und nur das Beste für mich will. Aber ich muss mich auch bewusst für ihn entscheiden, ihm mein Leben anvertrauen. Diese Entscheidung habe ich 2011 getroffen. Ich wusste genau: Jesus, Gottes Sohn, ist am Kreuz für mich persönlich gestorben und wieder auferstanden.

Er ist die Nummer 1

Es war die beste Entscheidung, die ich für mein Leben treffen konnte. Seitdem hat sich für mich extrem viel positiv und grundlegend verändert. Ich bin ein „anderer“ Mensch geworden, zum Beispiel geduldiger und freundlicher. Natürlich mache ich immer noch sehr viele Fehler. Doch heute weiß ich, wo meine Priorität liegt - bei Jesus Christus. Er steht als Nummer 1 über allem anderen. Diese Veränderung hat nichts mit Fußball zu tun. Es hat auch nichts damit zu tun, dass ich Bundesliga gespielt habe. Es ist eine Erkenntnis, die Jesus denen schenkt, die an ihn glauben. Er lehrt mich, mit schlechten Momenten besser umzugehen, mit Frieden im Herzen auf der Bank oder Tribüne zu sitzen und ruhig zu bleiben, wenn ich keine Torvorlage hinbekomme oder kein Tor schieße. Ich habe gelernt, dass Gott durch das Gebet immer ansprechbar für uns ist. Er liebt uns mit allem, was er hat. Diese bedingungslose Liebe kann uns niemand geben, außer Gott.

Deswegen kann ich dich nur ermutigen: Stell ihm die Frage, ob es ihn gibt. Ich verspreche dir, er wird antworten.

ENRICO VALENTINI

GEBURTSTAG: 20. Februar 1989 ***GEBURTSORT:*** Nürnberg, Deutschland
GRÖSSE: 182 cm ***POSITION:*** Mittelfeld, Abwehr
Junioren 1994–2008: 1. FC Nürnberg **Herren** 2008–2010: 1. FC Nürnberg II
2010–2014: VfR Aalen 2014–2017: Karlsruher SC 2017–: 1. FC Nürnberg

QUELLE: SRS E.V. / WWW.SRSONLINE.DE

FOTO: U.WAGNER

Geboren: 14.03 1995 in Neuffen
Hauptposition: Rechter Verteidiger
Ehemaliger Nationalspieler: Deutschland U16
Ehem. Vereine:
2009 Stuttgart Jgd.
2010–2014 FC Bayern Jugend, U16, U17, U19
2014 VfR Garching
2015 1860 München II
2017 1860 München
2018 VfR Garching
Lieblingsvers: Römer 3,24

Jesus lenkt meinen Weg

Eine unbeschwerte Kindheit

Als jüngster von drei Brüdern bin ich in einem christlichen Elternhaus aufgewachsen. Es war eine sehr schöne und unbeschwerte Kindheit, in einem kleinen Dorf in Süddeutschland. Für mich als Kind war der Glaube an Jesus Christus sehr natürlich und hat mich sehr geprägt. In der Sonntagsschule habe ich verstanden, dass es nicht reicht, nur den Glauben der Eltern zu übernehmen, sondern dass ich selber eine lebendige Beziehung zu Jesus Christus haben muss, um Christ zu sein. Als ich das verstanden habe, habe ich mich persönlich für Jesus entschieden und Ihn kennengelernt.

Alles war noch nicht so ernst

In der Schule hatte ich es ziemlich leicht mit dem Lernen und viele Freunde. Wir spielten ständig Fußball.

Mit sechs Jahren ging ich zum Turnen, da war ich auch recht gut. Aber alle meine Freunde haben Fußball gespielt. Als ich sieben wurde, musste ich mich zwischen Turnen und Fußball entscheiden, und ab da gab es nur noch Fußball für mich. Das Spielen im Verein war damals recht unkompliziert, frei und ganz unbeschwert. Alles war noch nicht so ernst.

Meine Eltern haben mich in dieser Zeit sehr unterstützt, obwohl mein Vater beruflich sehr viel unterwegs war. Meine Mutter, die immer da war, hat mir gute Werte vermittelt. Sie war wirklich ein Vorbild für mich. Ich bin meinen beiden Eltern sehr dankbar für ihre Unterstützung.

Ich wechselte mit 16 zum FC Bayern München

Zunächst spielte ich im Verein im Nachbardorf. Mit der Zeit wollte ich gerne zum SSV Reutlingen. Mein Vater hat mir geholfen dort ein Probespiel machen zu dürfen. Sie wollten mich tatsächlich und so wechselte ich zum SSV Reutlingen. Der Verein war gut drauf und hat in der oberen Liga gespielt. Für die Jugend gab es viele Turniere und Spiele. Der VFB Stuttgart hat mich spielen gesehen und nach einem Jahr in Reutlingen nachgefragt, ob ich zum VFB kommen möchte. Meine Eltern und ich dachten, es wäre noch zu früh und so blieb ich noch ein Jahr in Reutlingen. Mit 14 Jahren ging ich nach Stuttgart. Dort blieb ich zwei Jahre lang und wechselte mit 16 zum FC Bayern München, wo ich vier Jahre lang blieb.

Es war nicht immer leicht

Natürlich war es toll, als die Vereine mich wollten, aber gleichzeitig brachte es viele neue Erfahrungen mit sich, die ich verarbeiten musste. Die erste Zeit war nicht immer leicht. Es gab Momente, in denen ich traurig war und dachte, dass alle anderen viel bessere Fußballer seien als ich. Als ich nach Bayern wechselte, kam ich ins Internat. Natürlich vermisste ich meine Familie und hatte Heimweh. Aber ich fand Freunde und lebte mich gut in München ein. Auch wenn es manchmal Druck macht, immer gut drauf zu sein und gute Leistungen zu bringen, merke ich, dass mir Fußball immer noch so viel Spaß macht wie als Kind.

Foto: U. Wagner

Über Garching zu 1860 München

Meine ersten Erfahrungen im Herrenbereich durfte ich bei Garching sammeln, ehe ich zu 1860 München wechselte. Für beide Vereine spielte ich gerne. Parallel zum Fußball studierte ich Sport, um mir ein „zweites Standbein“ aufzubauen. Im Sommer 2019 beendete ich dann meine Karriere, um neue Wege zu gehen. Ich spielte gerne auf hohem Niveau Fußball. Es war immer ein Traum einmal in der Bundesliga oder Championsleague zu spielen. Auch wenn sich die Pläne geändert haben, weiß ich, dass Jesus meine Wege nach seinem Willen lenkt. Das gibt mir Geborgenheit!

Er hat einen Plan für mein Leben

Fußball ist toll, aber der erste Platz in meinem Leben gehört Jesus. Meine ganze Identität liegt nicht im Fußball. Ich bin von Gott geliebt, als Fußballprofi, aber auch, wenn ich eine andere Arbeit ausführe. Jesus ist mein Lebensinhalt. Ihm verdanke ich meine Talente. Er hat einen Plan für mein Leben, darum bin ich geborgen. Jesus hat die Hauptrolle in meinem Leben!

Lucas Genkinger

Gott war eigentlich kein Thema

Christian Derflinger

Geboren: 02.02.1994
2012–2014 FC Bayern München II
2014–2015 Hamburger SV II
2015–2016 SV Grödig
2016-2017 Greuther Fürth 2
2017-2018 Greuther Fürth
2018-2019 FC Viktoria Köln
2019-2021 SV Rödinghausen
2021-2022 VSG Altglienicke
2022- Kickers Offenbach

Lieblingsvers in der Bibel: 2. Kor. 5,17

FOTO: NOAH WEDEL

Ich bin in Steyr in Oberösterreich geboren. Meine Mutter war mit mir und meinem älteren Bruder zuhause. Mein Vater ging arbeiten und so verlief meine Kindheit ziemlich beschaulich. Bei uns zu Hause ging man nicht in die Kirche. Gott war eigentlich kein Thema bei uns. Und trotzdem wusste ich schon immer, dass es einen Gott gibt. Ich habe an Gott geglaubt und abends auch zu Ihm gebetet. Aber meistens ging es dabei mehr oder weniger nur um meine eigenen Wünsche.

Mein Vater war sehr fußballinteressiert

Schon mit fünf Jahren fing ich an beim Club Lask Linz Fußball zu spielen. Es war ein gutes Training. Wir spielten auch als Familie viel Fußball. Mein Vater war sehr fußballinteressiert und so gehörte für mich schon früh das Fußballspielen dazu. Zuerst trainierte ich nur ein paar Mal in der Woche, aber als ich Teenager war, wurde es viel mehr. In der Schule war ich gut, weil ich recht diszipliniert war. Ich trainierte fleißig und war traurig, wenn das Training ausfiel. In meiner Klasse gab es einige Fussballverrückte. Wir spielten in der Schule, nach der Schule und trainierten so oft es nur ging. Fußball war wirklich mein ganzes Leben.

Ich wurde entdeckt

Der Club Lask in Linz, bei dem ich damals spielte, machte oft internationale Spiele. Bei einem davon wurde ich entdeckt. Ich bekam einige Angebote und kam so nach München, zum FC Bayern. Ich war der jüngste Spieler, erst 14 Jahre alt. Alles war recht neu für mich und obwohl wir sehr viel zu tun hatten, hatte ich manchmal Heimweh, besonders am Wochenende, wenn alles etwas ruhiger lief.

Das hat mich sehr interessiert

Es gab Momente, in denen ich an mir selber zweifelte, aber grundsätzlich liefen die ersten beiden Jahre sehr gut. Vier Jahre lang war ich im Internat. Danach wohnte ich ein Jahr alleine und zog anschließend in eine Wohngemeinschaft mit Manuel. Während meiner Internatszeit bei Bayern lernte ich Lucas kennen, einen guten Freund von Manuel. Lucas war anders als die anderen Jungs. Er kam aus einer christlichen Familie, las in der Bibel und ging in eine Freikirche. Das hat mich sehr interessiert und ich fing an, ihm viele Fragen zu stellen. Eines Tages fragte ich ihn, ob ich mitkommen könnte in seine Gemeinde.

Ich wusste, dass sie nicht verrückt sind

Manuel, der auch Fußballer war, nahm, genau wie Lucas, Gott sehr ernst. Ich war schon davon überzeugt, dass es einen Gott gibt, ich hatte ja auch gebetet, aber das war auch schon alles. In dieser Zeit machte ich mir immer mehr Gedanken darüber, was es mit Jesus und dem Glauben auf sich hat.

Manchmal ging ich alleine in eine Kirche, um zu beten. Das war alles, was ich konnte. Aber als ich in diese Freikirche kam, war ich sehr überrascht. Viele junge Menschen waren dort, die Predigt war sehr lebensnah, die Musik war modern. Dort habe ich zum ersten Mal in meinem Leben gehört, dass man eine persönliche Beziehung zu Jesus Christus haben kann. Ich hörte auch, dass Jesus aus Liebe zu uns für unsere Sünden am Kreuz sein Leben gegeben hat, um uns vor der ewigen Strafe, der Hölle, zu bewahren und uns mit Gott zu versöhnen und uns Ewiges Leben bei ihm in der Herrlichkeit zu schenken. Das war mir schon sehr fremd. Aber ich kannte ja Lucas und Manu und von denen wusste ich, dass sie nicht verrückt waren. In dieser Zeit begann ich, selber in der Bibel zu lesen und betete jetzt anders, mit meinen eigenen Worten. Dann lud ich Jesus in mein Leben ein und merkte tatsächlich: Er ist da!

Fünf Monate lang kein Fußball

Für mich war es sonnenklar, dass der Fußball die Nr. 1 in meinem Leben war! Nicht lange danach zog ich mir eine Verletzung zu. Ich hatte eine Kniesehnenentzündung. Fünf Monate lang durfte ich keinen Fußball mehr spielen. Das war für mich eine sehr schwere Zeit. Während dieser Zeit merkte ich, dass Jesus bei mir war und mich durchgetragen hat und ich erkannte, dass Jesus auf den ersten Platz in meinem Leben gehört. Seitdem steht er an oberster Stelle. Fußball hat immer noch einen wichtigen Stellenwert in meinem Leben, aber Jesus ist das Wichtigste.

Eine neue Perspektive

Diese Entscheidung machte mich nicht zu einem besseren oder schlechteren Fußballspieler, aber ich habe einen neuen Schwerpunkt in meinem Leben. Ich konnte jetzt auch Niederlagen anders einschätzen. Ich bekam einen neuen Frieden und eine neue Perspektive. Jesus war mir nach dieser Entscheidung das Wichtigste in meinem Leben. So ist es und so wird es auch in Zukunft bleiben. Natürlich haben andere Spieler und meine Familie die Veränderung in meinem Leben bemerkt. Einige aus der Mannschaft haben positiv darauf reagiert, andere Mitspieler haben Kommentare oder lustige Sprüche losgelassen. Aber viele haben es einfach respektiert. Das alles spielt für mich nicht so eine wichtige Rolle, weil ich ein neues Fundament für mein Leben gefunden habe.

Ich verlasse mich voll auf Jesus

Im Profifußball gibt es immer wieder neue Herausforderungen, die auf mich zukommen, aber ich bin nicht alleine. Ich gebe weiter mein Bestes, um so weit wie möglich zu kommen. In der Zukunft möchte ich weiterhin Fußball auf Profiniveau spielen, aber ich verlasse mich voll auf Jesus, was meine Zukunft angeht.

Christian Derflinger

GIOVANNA HOFFMANN

Von „Warum, Gott?“ zu „Wozu, Gott?“

Mein großes Ziel

Ich sehe noch immer das kleine Mädchen vor mir, das jede freie Minute investiert hat, um ihr großes Ziel zu erreichen: Fußballerin werden. Lange Zeit bewegte ich mich darauf zu, die Augen fest auf das Ziel gerichtet. Mit 13 kam der Wechsel zum SV Werder Bremen und mit 16 das Debüt in der 1. Mannschaft, die damals noch in der 2. Bundesliga spielte. Ein paar Monate später erreichten wir mit der U17 die Endrunde der deutschen Meisterschaft. Kurz danach stand auch die U17 Europameisterschaft vor der Tür und wir waren mit der 1. Mannschaft in die 1. Bundesliga aufgestiegen. Das Ziel war zum Greifen nahe.

Warum, Gott?

Eine Woche vor Saisonende blieb ich im Training so unglücklich im Rasen hängen, dass ich mir eine schwere Sprunggelenksverletzung zuzog. Aus der Traum vom Finale, aus der Traum von der Europameisterschaft und auch die 1. Bundesliga rückte innerhalb einer Sekunde in unerreichbare Ferne.

Gerade mit 15 Jahren von Zuhause ausgezogen, stand ich nun da - mit leeren Händen und der brennenden Frage im Herzen: Warum, Gott? Ich war in einem christlichen Elternhaus aufgewachsen. Dass es Gott gibt, ich vor ihm schuldig geworden bin und Jesus für diese meine Schuld gestorben ist, um mich mit Gott zu versöhnen, war für mich keine Frage mehr, seit ich mich zwei Jahre zuvor entschieden hatte, Jesus mein Leben anzuvertrauen. Doch auch danach ging es immer nur darum, mein eigenes „Reich" zu bauen, möglichst jeden Tag ein Stückchen höher, schneller, besser zu werden. Nun konfrontierte Gott mich mit einem potenziellen Leben ohne Fußball.

Die Frage, die mir keine Ruhe ließ

Ich begann das erste Mal allein in der Bibel zu lesen und meinen Blick vom Profifußball in Richtung Ewigkeit zu verschieben. Dabei ließ mir folgende Frage keine Ruhe: „Was nützt es dem Menschen, wenn er die ganze Welt gewinnt, aber seine Seele verliert? Oder - was kann der

Mensch als Lösegeld für sein Leben geben?" (Matthäus 16,26) Ich erkannte, dass ich versucht hatte, die Welt zu gewinnen und nebenbei trotzdem ein passabler Christ zu sein. Meine Liebe zu Jesus war daran gebunden, was er mir gab, nicht an ihm als Person und an allem, was er bereits für mich getan hatte. Ich konnte nicht von Herzen sagen: „Wen habe ich im Himmel außer dir? Und auch auf der Erde habe ich nach nichts Verlangen, wenn ich nur dich bei mir weiß!" (Psalm 73,25) Durch meine schwere Verletzung nahm Gott mir das, was ich am liebsten hatte, um mich zur völligen Hingabe und Nachfolge aufzufordern.

Neue Identität und neues Ziel

Nach 16 langen Monaten in der Reha kehrte ich auf den Fußballplatz zurück. In der Saison danach durfte ich erstmals für den SV Werder Bremen in der 1. Bundesliga auflaufen. Ich hatte mein Ziel vorerst erreicht, doch durch den Glauben an Jesus hatte sich meine Identität grundlegend verändert. Ich bin nicht mehr „die Fußballerin". Ich bin aus Gnade von Gott angenommen und meine Identität ist nun „geliebtes Kind Gottes". Meine Augen waren nun auf ein anderes Ziel gerichtet. Jesus war nicht mehr nur mein Retter, sondern auch mein König.

Richtige Perspektive auf schwere Zeiten

In den Saisons nach meinem Bundesligadebüt hatte ich mit mehreren schweren Verletzungen zu kämpfen, die mich jahrelang zum Zuschauen zwangen. Es wäre gelogen zu sagen, dass es durch meinen Glauben immer leicht war, das anzunehmen, denn ich spielte immer noch genauso gerne Fußball wie vorher. Doch heute kann ich das „Warum, Gott?" mit „Wozu, Gott?" ersetzen.

Ich bin überzeugt, dass alles Schwere in unserem Leben dazu da ist, dass Gott uns durch Jesus Christus zu sich selbst ziehen und uns ihm ähnlicher machen will. Das ist das Beste, was uns passieren kann und Gott allein weiß, wie der Lebensweg des Einzelnen dafür aussehen muss. Wenn mir daran Zweifel kommen und ich nichts Gutes erkennen kann an dem, was vor mir liegt, schaue ich zum Kreuz. Dorthin, wo Gott seine Liebe zu uns Menschen ein für alle Mal bewiesen hat. Und dann ist es wie mit der Sonne – ich sehe sie nicht nur aufgehen, sondern durch sie auch alles andere in einem herrlichen Licht.

Obwohl ich mich einem Karriereende mehrmals gegenübersah, darf ich heute noch Fußball spielen, weil Gott mir dort einen Platz geschenkt hat. Und wenn ich ihm eines Tages woanders dienen darf, kann ich auch das aus seiner Hand nehmen. Denn ob ich nun 5 oder 100 Bundesligaspiele habe, wenn ich irgendwann vor Gott stehe, kann ich ihn mit keinem davon beeindrucken. Es zählt nur eins: ob ich durch den Glauben an seinen Tod und seine Auferstehung Jesus als meinen Retter angenommen habe und die Ewigkeit mit ihm verbringen darf.

GIOVANNA HOFFMANN

VEREINE: SV Werder Bremen, SC Freiburg **JAHRGANG:** 1998
POSITION: Sturm **LIEBLINGS-BIBELVERS:** Jeremia 17,7-8 / Psalm 84,11

Auf der Beerdigung meiner Oma traf ich meine Eltern zum ersten Mal

INTERVIEW MIT RAPHAEL DWAMENA

Ich glaubte, sie sei meine Mutter

Als ich in Ghana zur Welt kam, gaben meine Eltern mich in die Hände meiner Oma. Bei ihr bin ich aufgewachsen und während meiner ganzen Kindheit dachte ich, sie sei meine Mutter. Sie war eine sehr starke und strenge Frau.

Als ich fünf Jahre alt war, begann ich Fußball zu spielen. Mit neun Jahren spielte ich in einem Club in meiner Gegend.

Mit 15 bekam ich die Chance, bei Ultimat Academy, in den Bergen von Ghana, angenommen zu werden. Meine Oma war nicht froh darüber, mich auf die Akademie zu schicken, weil sie wollte, dass ich mehr studiere, statt Fußball zu spielen. Aber schlussendlich stimmte sie doch zu.

Sie zu verlassen war nicht einfach

Als der Tag kam, dass ich sie verlassen musste, fiel es mir nicht leicht zu gehen. Sie hatte mir das Gefühl von Geborgenheit gegeben. Gleichzeitig war ich ganz kribbelig, etwas Neues zu erleben und die Chance zu bekommen, ein Fußballspieler zu werden. Sie kam mich jedes Wochenende besuchen und brachte mir Essen und etwas Geld für die kommende Woche mit.

Den Tag mit Gebet beginnen

Fünf Jahre war ich auf der Akademie. Die Tage waren gefüllt mit Unterricht und Training. Wir waren etwa 25 Jungs, die im Internat lebten. Der Aufseher für das Internat hat uns jeden Morgen um 4.30 Uhr geweckt. Er war ein gläubiger Christ und begann jeden Tag mit einer Andacht und einem Gebet. Dort bin ich zum ersten Mal Jesus Christus begegnet. Die Tage waren lang und gefüllt mit Arbeit in der Schule und Training. Vor dem Zubettgehen gab es noch eine Zeit mit Gebet und dem Lesen in Gottes Wort, der Bibel. Ich bin christlich erzogen worden, aber dort wurde ich Christ. Jesus wurde mein Retter und bester Freund. In der Akademie waren auch Mitarbeiter aus Europa. Sie haben uns viel beigebracht.

Österreich

Nach fünf Jahren wechselte ich zur Red Bull Academy. Dort war ich fast zwei Jahre lang. Es war eine große Akademie mit viel mehr Geld. Sie hatten auch noch weitere Akademien in Europa. Ihr Hauptsitz war in Österreich. Durch sie kam ich nach Österreich, um dort zwei Wochen Probetraining zu machen. Ich war sehr froh über diese Chance und danke Gott dafür. Das Probetraining lief gut und sie wollten, dass ich nach Österreich zurückkomme.

Österreich war ganz anders als Ghana, aber ich habe mich dort wohlgefühlt. Ich war 17 Jahre alt und das Erste, was ich tat, als ich nach Österreich kam, war, eine Kirche zu suchen. Bald fand ich eine, in der ich mich zuhause fühlte. Ich war fast vier Jahre lang in Österreich, doch eineinhalb Jahre davon war ich verletzt. Das war eine schwierige Zeit, auch für meinen Glauben. Ich verstand nicht, warum das alles geschah. Heute weiß ich, dass mir diese Zeit geholfen hat zu verstehen, was es heißt, schwach zu sein und Gottes Kraft als meine Stärke zu erleben. Ich bekam die Gewissheit, dass Gott den ersten Platz in meinem Leben hat, egal was passiert.

Ich bekam keinen neuen Vertrag

Ich freute mich sehr, als ich wieder mit dem Training beginnen konnte und die Möglichkeit bekam, zu spielen. Ich denke, der Club war sich nicht sicher, ob meine Verletzungen mich zukünftig daran hindern würden, richtig gut zu spielen. Ich bekam keinen neuen Vertrag und musste nach Ghana zurückkehren. Ich war sehr enttäuscht. In Ghana wurde das Leben ganz anders. Kurz nach meiner Rückkehr bekam ich einen Anruf aus Österreich von einem Verein in der 2. Liga. Ein Trainer hatte mich gesehen und wollte, dass ich zu ihnen komme, um zu spielen. Dieser Trainer kam aus Tunesien und ich bin ihm bis heute dankbar dafür. Er war ein ganz besonderer Trainer, der mich sehr ermutigt hat. Im neuen Club ging es mir sehr gut. Außerdem bekam ich die Möglichkeit, als jüngster Spieler in der Nationalmannschaft von Ghana zu spielen. Es war ein Kindheitstraum, der in Erfüllung ging.

Was für eine starke Frau meine Oma war!

Meine Oma war überglücklich, doch sie war zu schwach, um zum Spiel zu kommen und mich zu sehen. Sie wollte immer, dass ich mehr studiere als Fußball zu spielen und dennoch kam sie, um mich als kleinen Jungen spielen zu sehen. Sie ging dazwischen, wenn sie das Gefühl hatte, dass ich ungerecht behandelt wurde. Aber wenn ich etwas Falsches getan hatte, bestrafte sie mich. Wenn ich manchmal mit ihr auf dem Heimweg war und weinte, weil ich wegen irgendetwas enttäuscht war, sagte sie mir, ich solle den Mund halten. Was für eine starke Frau meine Oma war! Als sie starb, ging eine wichtige Zeit in meinem Leben zu Ende. Auf ihrer Beerdigung traf ich meine Eltern zum ersten Mal. Heute versuche ich, eine Beziehung zu meinen Eltern und meiner Schwester aufzubauen.

In der Schweiz

Nach sechs Monaten in Österreich bekam ich ein Angebot aus der Schweiz, nach Zürich zu wechseln. Zürich war damals in der 2. Liga und musste noch acht Spiele in der Saison machen. Dann wurden wir Meister und kamen in die erste Liga. Das war natürlich ein Highlight, das ich miterleben durfte. Meine Position ist Stürmer, das passt sehr gut zu mir. Auch in Zürich fand ich eine Kirche, in der ich mich wohlfühlte. In dieser Zeit habe ich geheiratet. Mein Leben ist viel schöner geworden, als ich mir als kleiner Junge in Ghana vorstellen konnte.

Ich meine, Gott ist Gott!

Was die Zukunft für mich bereithält, weiß ich nicht. Aber ich weiß, dass Gott meine Zukunft in Seinen Händen hält. Sein Wort, die Bibel, ist für mich sehr wichtig. Das möchte ich mit vielen Menschen teilen. Eines Tages, wenn ich nicht mehr als Profi Fußball spielen kann, wäre es mein Traum,

Trainer zu werden. Ich weiß, es ist ein langer Weg, ein guter Trainer zu werden, aber ich kann mir das gut vorstellen. Aber wenn Gott etwas anderes mit meinem Leben vorhat und wenn Er mich bittet, etwas zu tun, dann will ich Ja dazu sagen. Ich meine, Gott ist Gott und wenn Er uns um etwas bittet, wer kann dann Nein dazu sagen?

Raphael Dwamena

Personalien

Name: Raphael Vani Dwamena
Geburtstag: 12. September 1995
Geburtsort: Kwahu Tafo, Ghana
Größe: 184 cm
Position: Stürmer

Junioren

2011-2014: Red Bull Ghana
2014: FC Red Bull Salzburg

Herren

2014-2016: FC Liefering
2016-2017: SC Austria Lustenau
2017-2018: FC Zürich
2018-2019: UD Levante
2019-2020: Real Saragossa
2020-2021: Vejle BK
2021-2022: FC Blau-Weiß Linz

* Er ist ausgeliehen und wird normalerweise im Sommer 2020 wieder nach Levante zurückkehren. Im Moment spielt er bei Real Saragossa.

Nationalmannschaft

2017-: Ghana

Freiheit von Lügen

Jesus, vergib mir, dass ich gelogen habe.
Ich hatte nicht den Mut, die Wahrheit zu sagen.
Du weißt, es war eine sehr schwierige Situation
und ich war feige und habe gelogen.
Jesus, vergib mir. Gib mir die Kraft,
die Sache in Ordnung zu bringen.
(Manchmal ist es einfacher, einen Brief
oder ein E-Mail zu schreiben.)

Ich weiß, dass die Wahrheit uns frei macht
und du bist der Weg und die Wahrheit und das Leben.
Nur durch dich ist es möglich, zu Gott,
meinem Vater, zu kommen.
Nur bei dir kann ich die Rettung empfangen.
Bei dir bekomme ich ewiges Leben im Himmel.
Bei dir gibt es keine Finsternis und keine Lügen.
Darum bitte ich dich um Hilfe, in der Wahrheit zu leben
und gib mir Kraft, die Wahrheit in jeder Situation zu sagen.

Ich will, dass du mein Herr bist in meinem Leben, Jesus,
mach mich ganz frei von der Macht der Lügen.

In Jesu Namen.
Amen

TARSIS BONGA

Was würde ich tun, wenn ich nie wieder Fußball spielen könnte?

Profivertrag und Aufstieg in die erste Liga

Schon in früher Kindheit begann ich Fußball zu spielen und es war von Anfang an mein Traum, eines Tages Profi zu werden. Dieses Ziel festigte sich, je mehr ich wahrnahm, dass ich im Vergleich zu anderen Spielern über ein gewisses Talent verfügte. Der Weg, diesen Traum zu verwirklichen, begann bei der TuS Koblenz. Über den Bonner SC kam ich schließlich in das Nachwuchsleistungszentrum von Bayer 04 Leverkusen. Nachdem ich dort nach der A-Jugend keinen Profivertrag bekommen hatte, wechselte ich zur zweiten Mannschaft von Fortuna Düsseldorf. Dort spielte ich 2 Jahre in der Regionalliga.

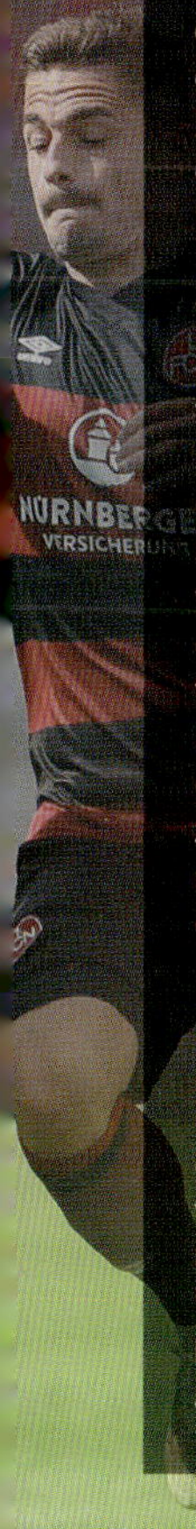

Meinen ersten Profivertrag erhielt ich dann beim FSV Zwickau, wo ich auch die ersten Profispiele absolvierte. Das war etwas sehr Besonderes für mich, weil ich lange dafür gekämpft und gearbeitet hatte. Im Sommer 2020 ging es zum VFL Bochum, bei dem weitere sportliche Höhepunkte wie der Aufstieg in die erste Liga und mein erstes Bundesligaspiel folgten.

Rückschläge

Neben diesen Highlights gab es aber auch Rückschläge auf meinem Weg. So habe ich in meiner Jugend immer wieder Probetrainings absolviert, die am Ende doch nicht erfolgreich waren, obwohl ich mir sicher war, gut genug gespielt zu haben. Als ich dann in die U19 von Bayer 04 Leverkusen wechselte, kam die erste schwerwiegende Verletzung meiner Karriere hinzu. Ich wurde operiert und musste ein halbes Jahr aussetzen. Das kostete mich die gesamte Hinrunde und die wenigen Spiele in der Rückrunde reichten für einen Profivertrag bei Bayer 04 Leverkusen nicht aus. Auch in meiner Zeit bei der zweiten Mannschaft von Fortuna Düsseldorf bekam ich nur wenig Spielzeit, da regelmäßig viele Profispieler in die 2. Mannschaft gerückt sind.

Ich merkte, dass ich etwas ändern musste

Dadurch kam ich an einen Punkt, an dem ich mich selbst in Frage stellte. Würde ich mein Ziel, Fußballprofi zu werden, wirklich noch erreichen können? Was würde ich tun, wenn ich mich so schwer verletzen würde, dass ich nie wieder Fußball spielen könnte? Meine Antwort war: "Nichts!". Fußball war meine Nummer 1 und ich hatte keinen Plan B. Genau das hat in mir eine große Angst ausgelöst. Ich fühlte mich verloren und merkte, dass ich etwas ändern musste. In dieser Phase begab ich mich auf die Suche und öffnete mein Herz für Jesus Christus.

Ich wollte eine lebendige Beziehung zu Jesus haben

Und wie Gott manchmal ist, schickte er mir eine Person als Antwort. Ich lernte meine jetzige Freundin kennen, von der ich wusste, dass sie an Gott glaubt. Beim Kennenlernen habe ich sie direkt nach ihrem Glauben gefragt, worauf sie mir eine 5-minütige Sprachnachricht schickte, in der sie unglaublich leidenschaftlich und feurig von ihrer Beziehung zu Jesus erzählte. Das faszinierte mich und weckte in mir den Wunsch, Jesus auf dieselbe Art und Weise kennenzulernen. Ich wollte auch eine lebendige Beziehung zu ihm haben. Das hat mich dazu gebracht, Jesus mein ganzes Leben anzuvertrauen, Buße zu tun, ihn zu bitten, all meine Sünden auf sich zu nehmen, mir zu vergeben und seine Rettung anzunehmen.

Durch Rückschläge im Glauben wachsen

Heute ist der Glaube an Jesus Christus mein Fundament im Leben. Das hat sich auch sehr positiv auf mein Profileben ausgewirkt. Bevor ich Jesus kannte, machte ich mir im Fußball unglaublich viel Druck, weil es immer um Leistung ging. Wenn ich nicht gut gespielt hatte, war ich sauer auf mich. Doch seit ich Jesus kenne, schenkt er mir eine unglaubliche Ruhe und einen tiefen Frieden. Ich verspüre keine Angst mehr vor Fehlern oder negativen Konsequenzen.

In der zweiten Mannschaft von Fortuna Düsseldorf wurde ich beispielsweise eine Zeit lang als rechter Verteidiger eingesetzt, obwohl das überhaupt nicht meine Position war. Doch ich habe gelernt, Jesus zu vertrauen und wusste, dass er derjenige ist, der mir hilft. Auch bei meinem momentanen Verein, dem VfL Bochum, erlebe ich keine einfache Zeit, da ich seit dem Aufstieg nur wenig Spielminuten bekomme. Doch Gott sei Dank weiß ich, dass all die Rückschläge kein Zufall sind. Gott möchte, dass ich ihm vertraue, dadurch im Glauben wachse und aus jeder Herausforderung etwas lerne. Deshalb gibt es für mich nichts und niemanden, der mir mehr bedeutet als Jesus.

Glaube praktisch vorleben

Nun versuche ich, den Glauben in meinem Leben ganz praktisch vorzuleben und weiterzugeben. Ich bete viel, auch in der Öffentlichkeit, beispielsweise vor dem Essen. Dadurch komme ich immer wieder mit meinen Teamkollegen ins Gespräch. Außerdem ist es mir wichtig, täglich in der Bibel zu lesen und von seinem Wort zu lernen, weil ich davon überzeugt bin, dass es die Wahrheit ist. Ich besuche auch gerne Gottesdienste und höre Predigten, um Gottes Wort durch andere Menschen zu hören und besser zu verstehen.

Jesus Christus ist real und er liebt dich wirklich. Du solltest dir die Frage stellen, was du machen würdest, wenn das, was bei dir momentan die oberste Priorität einnimmt, plötzlich wegfällt. Es gibt jemanden, der dich liebt und der dich erschaffen hat, der all deinen Schmerz wegnimmt und wirklich weiß, was du brauchst. Er möchte dich beschützen, wohin du auch gehst. Entscheide dich für ihn!

TARSIS BONGA

VEREIN: VFL Bochum ***JAHRGANG:*** 1997 ***GRÖSSE:*** 197 cm
LIEBLINGSBIBELVERS: Offenbarung 12,11

QUELLE: FUSSBALL MIT VISION E.V. / SRS E.V.

MIKAEL ISHAK

Die Kicker-Bibel

– die ich normalerweise zu jedem Training und Spiel mitbringe –

ist mein Begleiter

FOTO: TF-IMAGES VIA GETTY IMAGES.

MIKAEL ISHAK

JAHRGANG: 1993
GRÖSSE: 183 cm
GEWICHT: 90 Kg
VEREINE: Assyriska FF
1. FC Köln
FC St. Gallen
FC Parma
FC Crotone
Randers FC
1. FC Nürnberg
Lech Posen
POSITION: Sturm

Schweden

Ich bin in Södertälje, südlich von Stockholm, geboren und mit meinen drei Brüdern aufgewachsen. Meine Eltern kommen aus Syrien. Sie waren noch sehr jung, als sie nach Schweden kamen. In unserer Nachbarschaft wuchs ich mit Kindern aus verschiedenen Ländern auf. Ich war ein lebhafter kleiner Kerl, bei dem ständig etwas los war. Ich habe viel Straßenfußball mit meinen Freunden gespielt. Es stellte sich heraus, dass ich ein gutes Ballgefühl hatte, so gut, dass ich mit den etwas älteren Jungs spielen konnte.

Training im Fußballverein

Mein Cousin brachte mich zu einem Fußballverein, weil er dachte, ich würde dadurch disziplinierter spielen. Das erste Training ist mir hart und streng in Erinnerung. Ab jetzt war es kein Kinderspiel mehr. Ich musste befolgen, was der Trainer sagte. Aber weil ich Fußball liebte, machte ich weiter. Mir war bewusst, dass es gut für mich wäre, in einem Gefüge zu sein, durch das ich im Fußball weiter kommen konnte. Mit der Zeit habe ich mich daran gewöhnt und bin besser geworden.

Meine Tante Maryam

Jemand, der mir in meiner Kindheit viel bedeutet hat, war meine Tante. Sie war ledig und lebte bei einer Großmutter. Ich war ständig da. Auch wenn meine Familie in Syrien zu Besuch war, war ich lieber bei meiner Tante. Maryam dachte ähnlich wie ich. Wir sprachen über alles, besuchten Verwandte, gingen spazieren und beteten zusammen. Jeden Samstag erhielt ich einen Euro als wöchentliches Taschengeld von ihr. Und jeden Sonntag brachte sie mich in die syrisch-orthodoxe Kirche.

Sie waren voll beschäftigt mit anderen Dingen

Als Kind kannte ich Jesus nicht. Die Kirche war lediglich mit der Familientradition und -identität verbunden. Meine Mutter arbeitete viel und auch mein Vater war sehr beschäftigt. Er arbeitete in einem Café, wo leider auch viel "gezockt" wurde. Ich wünschte mir, dass sie sich gelegentlich meine Fußballspiele ansahen, doch sie kamen nicht. Klar, sie konnten mich loben, wenn ich ihnen zu Hause erzählte, dass ich Tore gemacht hatte, aber es war nicht wie bei anderen Kindern, deren Väter ihre Söhne auf dem Spielfeld anfeuerten. Das hat mich traurig gemacht. Ich wurde immer erfolgreicher im Fußball. Viele Leute sprachen mit meinen Eltern darüber, dass ich so talentiert und gut sei, aber trotzdem waren sie nicht anwesend, als ich spielte.

Ich weinte und betete

Als wir eines Tages viele Gäste zu Hause hatten, was bei uns nicht ungewöhnlich war, zog ich mich in einen einsamen Raum zurück. Ich war ungefähr elf Jahre alt. In dieser Phase war ich sehr traurig, ja richtig betrübt. Ich wollte so sehr, dass mein Vater mehr Zeit für mich hat. Er sollte dabei sein bei dem, was in meinem Leben passierte. Im Fußball entwickelte ich mich weiter und wurde immer besser. Mein

Wunsch war, dass er es miterlebte und sah. Ich schloss mich in den Raum ein und fing an zu weinen. Dann betete ich. Ja, ich habe mein ganzes Inneres vor Jesus geleert. Und ich hatte das Gefühl, dass er zuhörte, was ich sagte. Dies dauerte ungefähr eine Stunde. Nachdem ich all meine Trauer ausgeschüttet und mit Jesus darüber gesprochen hatte, ging ich wieder zu den anderen zurück und dachte nicht weiter darüber nach.

Papas Traum

Aber dann, eine Woche später, als Papa gerade dabei war, mit einem seiner Freunde ein Café zu eröffnen, passierte etwas. Eines Nachts wachte er mitten in der Nacht nach einem Traum auf. Als er uns davon berichtete, war er völlig blass im Gesicht. Er erzählte mir, dass er Jesus in einem Traum gesehen hatte und dieser ihm sagte, er sollte näher zu ihm kommen. Er sagte ihm auch, dass er seinen Sohn zum Fußball begleiten und ein Teil dessen sein sollte, was im Leben seines Sohnes passiert. Für mich war es in diesem Moment vollkommen klar, dass Jesus meine Gebete wirklich erhörte. Genau darauf, worum ich ihn gebeten hatte, erhielt ich nun eine Gebetsantwort. Ich war so glücklich!

Entscheidend für meinen eigenen Weg mit Jesus

Papa hat diesen Traum wirklich ernst genommen. Er wurde wie ein ganz neuer Mensch. Er begann, viel mehr zu beten und die Bibel zu lesen und er fing an, mich auf ganz neue Weise zu begleiten. Er nahm an jedem Training und an jedem Match teil, auch an den Auswärtsspielen. Er schlief dort, wo wir als Team schliefen. Dies sah er als seine Berufung. Wahrscheinlich hat meine Mutter nicht wirklich verstanden, was mit ihm passierte. Dennoch war sie froh, dass Papa sein Leben nun vollständig Jesus überließ und auch im Leben seines Sohnes anwesend war. Auch für mich wurde diese Erfahrung entscheidend für meinen eigenen Weg mit Jesus.

Vor 40.000 Zuschauern spielen

Mit zehn Jahren trat ich der assyrischen Jugendmannschaft bei und spielte dort, bis ich ungefähr achtzehn war. Dann wurde ich vom 1.FC Köln gekauft. Für mich war es schon ein großer Schritt, vor rund 600 Zuschauern auf dem Rasen zu stehen. Jetzt waren es auf einmal 40.000 - ein absolutes Highlight. Es folgten weitere Stationen in der Schweiz, Italien und Dänemark, ehe ich wieder nach Deutschland zum 1.FC Nürnberg kam. Als junger Mann wurde mir klar, dass ich mein Leben in meiner Heimatstadt verlassen musste, obwohl ich mich dort wohlfühlte, wenn ich meinen Fußballtraum leben wollte. Papa war ein Teil dieses ganzen Prozesses und meine ganze Familie hat mich sehr unterstützt.

Nadine

In Deutschland habe ich meine Frau Nadine kennengelernt. Sie ist Deutsche und kommt aus Aachen. Wir haben einen Sohn, für den wir sehr dankbar sind. Nadine stammt auch aus einer christlichen Familie, was eine Stärke in unserer Beziehung ist. In meinem Alltag geht es viel um Training und Spiele. Mein Leben dreht sich zum Großteil um Fußball, aber genau das wollte ich. Ich möchte weiter das Beste aus meinen Möglichkeiten machen und hoffe, dass ich auch nach meiner Karriere im Fußball in einer anderen Funktion weitermachen kann.

Bibelkreis mit anderen Fußballern

In meiner Zeit in Nürnberg hörte ich durch Enrico Valentini und Eduard Löwen von einem Fußball-Bibelkreis, den sie besuchten. Fußballer kommen dort zusammen, reden über Jesus, singen und essen gemeinsam. Sie luden auch mich dazu ein. Ich habe sofort ja gesagt. Es hörte sich sehr gut an. Diese Art von Gemeinschaft habe ich lange vermisst. Deshalb war ich sehr froh über diese Möglichkeit. Der Bibelkreis hat mir sehr geholfen. Dort konnte ich mich über meinen Glauben austauschen und meine Fragen loswerden. Dadurch fing ich noch intensiver an, in der Bibel zu lesen und zu beten. Es war so etwas wie der letzte "Push" in meiner Beziehung zu Jesus. Ich spürte, wie der Heilige Geist mich veränderte und an meinem Herzen arbeitete.

Die Kicker-Bibel

Für mich bedeutet meine Beziehung zu Jesus viel. Ich bin ihm so dankbar für alles, was ich heute habe. Ich versuche, sein Wort, die Bibel, zu lesen und seinen Wegen zu folgen. Die Kicker-Bibel, die ich normalerweise zu jedem Training und Spiel mitbringe, ist mein Begleiter. Ich habe sie von meinem Papa bekommen, als ich noch sehr jung war. Ich weiß, dass das Wichtigste im Leben eine gute Beziehung zu Jesus ist. Das ist nicht nur wichtig, wenn alles gut läuft, sondern auch, wenn man auf Widerstände und Schwierigkeiten im Leben stößt.

Gib niemals auf

Ein Leitspruch in meinem Leben ist, niemals aufzugeben. Mir wurde in einem Zusammenhang gesagt, dass ich nicht gut genug für eine Jugendmannschaft wäre. Ich gab aber nicht auf. Ein halbes Jahr später unterschrieb ich einen A-Team-Vertrag. Es ist von entscheidender Bedeutung bei schlechten Nachrichten, Widrigkeiten oder Schwierigkeiten, nicht aufzugeben. Befindest du dich gerade in einer solchen Lebenssituation? Ich bat Jesus, mir zu helfen, nicht aufzugeben und das tat er. Deshalb bin ich da, wo ich heute bin.

Mikael Ishak

JOHANNES REICHERT

Treffen mich heute Rückschläge, weiß ich, dass ich damit nicht allein bin

Zum Fußball kam ich durch meine zwei großen Brüder, die in ihrer Kindheit und Jugendzeit leidenschaftlich gerne Fußball spielten. So kam es, dass ich bereits mit fünf Jahren bei meinem Heimatverein SSV Ulm 1846 mit dem Fußball anfing. Dort durchlief ich alle Jugendmannschaften und wurde gleichzeitig ein leidenschaftlicher Fußballfan. Woche für Woche sah ich die großen Spieler der Bundesliga und Nationalmannschaft in vollen Stadien auflaufen. Das ließ meinen Traum, Fußballprofi zu werden, stetig wachsen.

Der sportliche Höhepunkt

Daher war es das Größte für mich, als ich mit 18 Jahren zum ersten Mal für die Profimannschaft vom SSV Ulm auf dem Platz stand. Im Jahr 2018 kam es dann zum sportlichen Höhepunkt. Wir standen vor ausverkauftem Stadion im DFB-Pokal, der Eintracht aus Frankfurt gegenüber und gewannen sensationell als Viertligist gegen den damaligen Titelverteidiger mit 2:1. Ein unvergessliches Erlebnis. Auch meine Zeit beim 1.FC Kaiserslautern, in der ich mehrfach im Profikader stand, gehört zu den Höhepunkten meiner Karriere.

Ich wurde immer unzufriedener

Doch neben den sportlichen Höhepunkten wird man als Profifußballer auch mit Rückschlägen konfrontiert. Darunter war eine schwere Gesichtsverletzung, die ich unglücklicherweise in einem Zweikampf davontrug und anschließend aufwendig operiert werden musste. Während dieser Zeit war es unklar, wie es mit meiner Fußballkarriere weitergehen würde. Das bereitete mir große Sorgen. Darüber hinaus ist man im Profifußball oft von den Meinungen anderer Menschen abhängig und wird permanent beurteilt. Damit umzugehen ist nicht immer einfach.

Am Anfang meiner Karriere versuchte ich in solchen Phasen immer selbst damit fertig zu werden, indem ich Bücher las, die einem Tipps gaben, um im Leben noch erfolgreicher zu sein. Der Fußball war das Wichtigste für mich. Außerdem wollte ich unbedingt Karriere machen, reich werden und strebte nach den Luxusgütern dieser Welt. Obwohl ich das Vorrecht hatte, in einem christlichen Elternhaus aufzuwachsen, hat der Glaube mit zunehmendem Alter für mich an Bedeutung verloren. Ich fing an, mich ausschließlich mit Menschen zu umgeben, die die gleichen Wünsche und Träume hatten wie ich. Ich wollte diesen Menschen unbedingt gefallen und versuchte, mich immer so zu verhalten, dass ich niemals als Außenseiter dastand. Das führte dazu, dass Partys, Glücksspiel, Frauen, teure Klamotten, sinnloses Geschwätz und vieles mehr mein komplettes Leben bestimmten. Aus dieser Lebenseinstellung folgte, dass ich mich immer mehr mit anderen Menschen verglich und nie wirklich dankbar sein konnte für das, was ich bereits erreicht hatte. Das machte mich immer unzufriedener.

Ich wollte anderen Menschen gefallen

Der Glaube an Gott war zwar in dieser Zeit aufgrund meiner Prägung und Erziehung, noch existent, doch ich las kaum in der Bibel und betete nur, wenn es mir schlecht ging. Statt Gott zu suchen, konsumierte ich weiter Bücher und Filme, mit dem Ziel, mein Leben schöner, besser, reicher und erfolgreicher zu gestalten. Irgendwann merkte ich, dass mein ganzes Leben nicht mehr der Realität entsprach, weil ich alles nur gemacht habe, um anderen Menschen zu gefallen. Nach und nach hatte ich immer weniger Kraft, den Leuten etwas vorzuspielen. Ich war enttäuscht und frustriert. Dadurch wuchs in mir der große Wunsch, dass ich mein Leben verändern wollte. In dieser Zeit hinterfragte ich meinen kompletten Lebenswandel und erkannte, dass mir die Welt nichts bieten kann, was mich dauerhaft glücklich macht.

Ich wollte mein ganzes Leben von Gott verändern lassen

In dieser Lebenskrise trieb es mich zurück in Gottes Arme. Ich erkannte, dass ich ein Leben ohne Gott geführt und ihn sogar bewusst aus meinem Leben ausgeklammert hatte. Ich wusste mir nicht mehr anders zu helfen, als Gott um Vergebung zu bitten. Während des Gebets hatte ich das Gefühl, dass Gott nur auf mich gewartet hatte und mir jetzt mit offenen Armen gegenüberstand. Jesu Gleichnis vom verlorenen Sohn beschreibt dieses Gefühl am besten (Lukas 15, 11–32). Diese Rückkehr zu Gott war wirklich eine tiefe Herzensentscheidung. Ich wollte mein ganzes Leben von Gott verändern lassen.

Die Beziehung zu Jesus ist mein ganzes Glück

Treffen mich heute Rückschläge, weiß ich, dass ich damit nicht allein bin und Gott wie einem guten Vater vertrauen kann. Die lebendige Beziehung zu Jesus Christus ist mein ganzes Glück. Das bedeutet für mich, dass ich Jesus neben meinem Profialltag auch in alle anderen Lebensbereiche integriert habe. Ich lese täglich in seinem Wort, der Bibel, und lasse mich dadurch von ihm führen und leiten. Ich bin durch Gebet in ständigem Austausch mit ihm, egal in welchen Situationen. Soweit es der Profialltag zulässt, besuche ich sonntags Gottesdienste, um Gott Ehre zu geben. Seitdem hat sich vieles verändert, wie zum Beispiel der Umgang mit meinen Mitmenschen und Mitspielern.

Jesus ist ans Kreuz gegangen, obwohl er sündlos war. Er hat meine Schuld auf sich genommen und den Zorn Gottes, den ich verdient hätte, über sich ergehen lassen. Er ist am Kreuz für mich gestorben und auferstanden, wodurch ich mit Gott versöhnt bin und ewiges Leben haben darf. Wenn du merkst, dass dein Leben dich nicht zufriedenstellt, dann stell dir die Frage nach dem Sinn des Lebens und mach dich auf die Suche nach Gott. Du wirst in Jesus Christus die Antwort finden.

JOHANNES REICHERT

VEREINE: 1.FC Kaiserslautern, SSV Ulm

POSITION: Innenverteidiger ***LIEBLINGSVERS:*** Johannes 3,16

QUELLE: FUSSBALL MIT VISION E.V. / SRS E.V.

Am Tiefpunkt traf ich eine Entscheidung

ANTONIO DA SILVA
Jahrgang 1978
Ehemaliger Fußballprofi
Sportliche Erfolge:
2007 Deutscher Meister mit dem VfB Stuttgart
2010 Schweizer Meister und Cupsieger mit dem FC Basel
2011 und 2012: Deutscher Meister mit Borussia Dortmund
2012 Pokalsieger mit Borussia Dortmund

FOTOGRAF / KÜNSTLER: CHRISTOF KOEPSEL VIA GETTY IMAGES

Seitdem ich denken kann, spiele ich Fußball. Wie viele Kinder träumte auch ich davon, Fußballprofi zu werden. Aber niemals hätte ich mir eine so erfolgreiche Karriere vorstellen können, wie ich sie dann erleben durfte. Es gab viele Gründe, die dagegensprachen. Ich wuchs in Brasilien in Armut auf. Beim Flamengo Rio de Janeiro spielte ich in den verschiedenen Jugendmannschaften. Doch aufgrund der weiten Entfernungen sah ich keine Perspektive, jemals in großen Clubs zu spielen. Es gab niemanden, der an mich glaubte.

Als ich 14 Jahre alt war, wanderte meine Mutter mit mir nach Deutschland aus. Nach verschiedenen Stationen bei kleineren Vereinen kam ich 2003 zum 1. FSV Mainz 05. Bereits in meiner ersten Saison stiegen wir in die Bundesliga auf. Natürlich ist eine Fußballkarriere nicht nur eine Aneinanderreihung von Highlights, es gab auch viele Tiefen. Schon beim VFB Stuttgart erlebte ich direkt nach dem Gewinn der Deutschen Meisterschaft 2007 eine große Enttäuschung. Neue Spieler kamen in die Mannschaft und plötzlich war ich als bisheriger Leistungsträger nicht mehr gefragt. Statt im Mittelpunkt zu stehen, fand ich mich auf der Bank wieder.

Besonders schwierig war meine Zeit beim Karlsruher SC. Wir stiegen ab. Das hatte zur Konsequenz, dass man mich nicht mehr halten konnte. Ausgeliehen an den FC Basel konnte ich dort allerdings eine weitere Meisterschaft feiern und Pokalsieger werden.

Die nachfolgenden Jahre entwickelten sich trotz aller Erfolge zu einem persönlichen Albtraum: Mein Vertrag beim KSC wurde vorzeitig beendet. Um mich fit halten zu können, wandte ich mich mit der Frage an Jürgen Klopp, ob ich bei ihm mittrainieren dürfte. Ich kannte ihn aus meiner Zeit beim 1. FSV Mainz 05 und er war inzwischen Trainer bei Borussia Dortmund. Klopp hat mich schließlich nicht nur mittrainieren lassen, sondern sogar ins Team geholt. Dass ich dann noch einmal eine Meisterschaft und sogar einen Pokalsieg feiern konnte, hätte ich mir nicht träumen lassen.

Sechs Monate bevor mein letzter Profivertrag beim MSV Duisburg auslief, war ich verzweifelt. Ich kam mit dem Trainer nicht klar und meine Zukunft war mehr als ungewiss. Um meinen Problemen aus dem Weg zu gehen, versuchte ich mich zu betäuben. Ich ging auf Partys und in Diskotheken - nahm alles mit, was das Leben scheinbar hergab. In dieser Zeit habe ich meine Familie nicht nur vernachlässigt, sondern auch belogen und betrogen. Ich drehte mich nur noch um mich selbst. Dann kam eine Situation, in der Gott in mein Leben eingegriffen hat.

An einem Abend zog ich wieder los in eine Disco. Mir war meine Familie völlig egal, ich überlegte ernsthaft, gar nicht mehr nach Hause zurückzugehen. Gedanklich hatte ich sogar die Absicht, mich einfach in ein Flugzeug zu setzen und weit weg zu fliegen. Ich dachte, dass es sowieso niemanden interessieren würde.

Ich feierte bis zum nächsten Tag. Auf dem Weg nach Hause im Taxi wurde ich innerlich plötzlich sehr unruhig und fragte mich: „Was mache ich hier eigentlich die ganze Zeit?“ Heute bin ich davon überzeugt, dass Gott mir diese Frage ins Gewissen brannte. Dieses Gefühl hatte ich schon öfter gehabt, doch an diesem Tag war es drängender als sonst. Während der einstündigen Fahrt hatte ich den Eindruck, als würde Gott direkt zu mir „sprechen“: „Schau dir an, was ich dir alles gegeben habe und von wo ich dich geholt habe! Willst du das alles wegwerfen für billiges Vergnügen?“

Ich hatte niemanden, mit dem ich dieses Erlebnis teilen konnte. Es gab aber jemanden, der mich immer wieder bei den verschiedensten Vereinen angesprochen hatte, mir eine Bibel schenken wollte und mir von Jesus erzählte. Allerdings hatte mich das damals recht wenig interessiert. Im Taxi wünschte ich mir, dass dieser Typ jetzt bei mir wäre und ich mit ihm reden könnte. Er hieß Mario Eizaga und war Sportmentor bei SRS. Als ich nach Hause kam, sah ich, wie meine Familie total zerstört und weinend auf mich wartete. Ich ging ins Bad und betete mit viel Reue zu Gott: „Befreie mich von meinen Sünden und Schuldgefühlen!" Ich fasste mir schließlich ein Herz, rief diesen Mario an und er kam, trotz siebenstündiger Fahrt, noch am selben Tag zu mir.

Zusammen mit ihm und meiner Familie habe ich dann die Sache mit Gott und mit seinem Sohn Jesus Christus festgemacht. Es war die beste Entscheidung meines Lebens. Heute möchten meine Familie und ich so leben, wie es Paulus in seinem Brief an die Korinther schreibt:

1. Korinther 7,35

Diesen Rat gebe ich euch zu eurem eigenen Besten. Ich will euch damit keine Fesseln anlegen. Im Gegenteil: Ihr sollt ein Leben in Anstand und Würde führen. Und ihr sollt stets für den Herrn da sein, ohne abgelenkt zu werden.

2013 habe ich meine Karriere beendet. Wenn ich daran denke, woher ich kam, hätte ich nie erwartet, es so weit zu schaffen. Dafür bin ich Gott heute unendlich dankbar.

Antonio Da Silva

QUELLE: SRS E.V. / WWW.SRSONLINE.DE

MARCELO JOSÉ BORDON

Der „kleine" Unterschied

Wenn mich die Leute manchmal fragen: „Warum sollte man die Bibel lesen? Warum beten?", scherze ich ein wenig und antworte so: „Ein Auto fährt nicht ohne Benzin und wir Menschen können ohne die Bibel auch nicht gehen. Die Bibel ist die geistliche Nahrung."

Ich glaube, dass die Menschen ohne die Bibel und das Gebet in dieser Welt verloren sind. Seit ich Jesus kennengelernt habe, fing ich an, die Bibel zu verstehen, auf Gottes Wort zu hören und die Loblieder mitzusingen. Das hat mich langsam gereinigt von allem Schmutz, von aller inneren Fäulnis, von aller Müdigkeit und von aller Traurigkeit. Gott hat mich erneuert, mir ein neues Leben geschenkt. Gott hat auch mein inneres Gleichgewicht in den guten und in den schwierigen Momenten wieder hergestellt. Viele Menschen glauben, dass man ohne Geld viele Probleme hat; aber es passiert auch, dass man mit viel Geld viel mehr Probleme haben kann. Das Wichtigste ist, dass man in Jesus verwurzelt bleibt, in Gott und auch im Heiligen Geist.

Ich bekam von Gott einen wunderbaren Vers zugesprochen, der im Alten Testament in Jeremia, Kapitel 17, Verse 7-8 steht. „Wenn wir auf Gott vertrauen, sind wir wie ein Baum, der am

Marcelo José Bordon

JAHRGANG: 1976, verheiratet, drei Kinder
NATIONALITÄT: Brasilien und Italien, Innenverteidiger
VEREINE: 1995-2000 Sao Paulo FC, 2000-2004 VfB Stuttgart, 2004-2011 Schalke 04, 2010-2011 in Katar bei Al-Rayyan SC **SPORTLICHE ERFOLGE:** Sieger Copa América, DFB-Ligapokalsieger, UEFA Cup-Sieger, Champions League-Teilnehmer (1 Länderspiel für Brasilien)

Foto: Getty Images

Wasser gepflanzt ist." Sogar im Winter und bei Trockenheit bleiben seine Blätter grün. Gott sprach zu mir durch dieses Wort: „Mein Kind, ganz egal, ob es dir gut oder schlecht geht, ob du viel oder wenig Geld hast, ob du traurig oder froh bist, du sollst immer bei mir bleiben, in mir verwurzelt bleiben!"

Ich habe sehr gut verstanden, dass Jesus meine geistliche Nahrung ist. Er ist das Wasser, er ernährt uns, er ist die Quelle des Lebens, die Quelle der Freude, die Quelle der Liebe und des Friedens. Und wenn wir uns fest zu Jesus halten, wird uns nichts von diesen Dingen fehlen, egal wie unsere äußere Situation aussieht.

Manchmal kann es sein, dass wir besonders traurig sind. Ich war in der Saison 2007 sehr traurig, als wir es nicht schafften die deutsche Meisterschaft zu gewinnen. Wir hatten alle schon gedacht, dass wir die Sieger seien und trotzdem haben wir verloren. Ich war sehr deprimiert und konnte es mehr als zwei Wochen nicht akzeptieren. Aber dann war da der kleine Unterschied. Bei mir zu Hause habe ich zu Gott gebetet, und plötzlich fühlte ich einen tiefen Frieden in meinem Herzen, eine Liebe, die nur Gott geben kann. Und dieses ist kein Wettkampf, es wird nicht mit Geld gekauft oder kommt im Fernsehen. Es ist etwas, das man nicht bezahlen kann. Und die Dinge, die nicht käuflich sind, die keinen Preis haben, sind die wertvollsten.

Die Gegenwart Gottes, seine Reinheit und seine Freude sind nicht zu kaufen und für mich sind sie die wertvollsten Dinge, die ich in meinem Leben habe.

Marcelo José Bordon

QUELLE: SRS E.V. / WWW.SRSONLINE.DE

Was soll ich damit?

Eine erstaunliche Begegnung mit der Sportler-Bibel

Solange ich denken kann ist Fußball meine Leidenschaft. Schon mit drei Jahren habe ich auf der Straße gekickt, dann in der Schule und seit meinem 13. Lebensjahr im Verein. Mit 16 unterschrieb ich meinen ersten Profivertrag. Und direkt nach der aktiven Karriere wurde ich Trainer. Bis dahin habe ich nie an Gott geglaubt, im Grunde habe ich ihn sogar abgelehnt.

Doch dann änderte sich mein Leben schlagartig. Ich war Trainer bei den Amateuren von Mainz 05 und es lief plötzlich nicht mehr gut. Auch privat ging so manches schief. Ich hatte Angst den Job zu verlieren. Einige Wochen vor diesem Tief spielten wir in der Regionalliga gegen Pfullendorf. Nach dem Spiel stand jemand am Mannschaftsbus und verteilte Bücher. Auch ich bekam eins. Ein Fußballer auf dem Titelblatt ließ mich zunächst vermuten, es sei ein Fußballbuch. Dann las ich den Titel: Eine Sportlerbibel – das Neue Testament. Ich reagierte prompt mit Ablehnung und legte es weg.

Colin Bell

Colin Bell
Geboren1961 in England, verheiratet, ein Sohn, Fußballlehrer

Vereine:
Als Spieler 1977 – 1989, u.a. Leicester City, VfL Hamm,
1. FSV Mainz 05
Seit 2011 Trainer in der 1. Frauen-Bundesliga: 2011-2013 SC 07 Bad Neuenahr,
2013-2015 1. FFC Frankfurt,
2016-2017 SC Sand,
2017–2019 Irische Frauenfußball-Nationalmannschaft,
2019 Huddersfield Town (Co-Trainer/Herren)
2019-: Südkoreanische Frauenfußball-Nationalmannschaft

Sportliche Erfolge:
Als Spieler: Meister 2. Liga England mit Leicester City und Aufstieg in die Premier League, Rheinland Pokalsieger.
Als Trainer: DFB Pokalsieger Frauen, UEFA Champions League Sieger Frauen

Einige Wochen später spielten unsere Profis anlässlich eines Benefizspieles in Worms gegen Rosenborg Trondheim und tags darauf brachte mir ein Spieler ein Buch und meinte: „Jemand hat mir dieses Buch namentlich für dich gegeben." Ich erhielt exakt das gleiche Buch – die Sportlerbibel. Ich ärgerte mich, habe es trotzdem genommen und genauso in den Schrank gelegt.

Es ging mir ziemlich schlecht und das erste Mal in meinem Leben hatte ich das Gefühl, dass ich nicht mehr alles im Griff habe. In dieser Zeit hatte ich guten Kontakt zu einem Trainerkollegen in Elversberg, Brent Goulet. Ich wusste, dass Brent Christ ist und er wusste um meine ständigen Misserfolge der

letzten Wochen. Er unterstützte mich immer wieder mit SMS-Grüßen. An einem Sonntagmorgen machte ich den Fernseher an und blieb bei einem Fernsehgottesdienst hängen. Der Prediger sprach nicht nur in Englisch, meiner Muttersprache, sondern ich spürte irgendwie: Der spricht mich an. Was er sagte, hat mich getroffen. Ich wollte immer wieder umschalten, konnte es aber nicht und habe die Sendung schließlich komplett gesehen.

An diesem Sonntag bekam ich Informationen über Jesus Christus, die ich noch nie gehört hatte und ebensolche Wahrheiten über mein eigenes Leben. Der Prediger Bayless Conley war, bevor er Christ wurde, Alkoholiker und drogenabhängig, aber durch einen zwölfjährigen Jungen fand er zu einem Leben mit Jesus. Ich bekam eine Gänsehaut beim Zuhören und es machte mich neugierig, wie man es schafft, sein Leben so zu verändern.

Am nächsten Tag nahm ich die Sportlerbibel zur Hand. Ich schlug das Buch einfach mitten drin auf, genau auf der Seite mit dem Lebensbericht von Ion Keptene, einem Teakwondo Kämpfer aus Moldavien – Teakwondo war auch mein Hobby. Ich las seinen Bericht und wieder dachte ich: Das ist eigentlich genau deine Geschichte. Danach las ich auch die anderen Sportlerberichte in dieser Bibel.

Am darauf folgenden Sonntag schaute ich wieder Bayless Conley und dachte: Vielleicht ist das ja nur Zufall, dass er mich letzten Sonntag so fasziniert hat. Doch auch diesmal fühlte ich mich sofort angesprochen. Plötzlich sagte er: „I am talking to you“ und zeigte dabei ‚scheinbar' auf mich.

Mein Leben veränderte sich, aber ich fand keine Erklärung dafür. Bereits seit Monaten wurde ich nachts wach und stellte mir die Frage: Was ist, wenn du stirbst? Diese Frage ließ mich nicht los, dazu kamen die Misserfolge. Als Sportler war ich so fixiert auf Erfolg. Darüber definierte ich mich, das bestimmte meinen Wert. Doch in der Zeit wurde meine Arbeit hinterfragt, ich fühlte mich gekränkt, verletzt und ausgenutzt. Natürlich war das mein subjektives Empfinden und egoistisch gedacht. Aber das erkannte ich zu dem Zeitpunkt nicht. Dann verloren wir das fünfte Spiel in Folge, ausgerechnet bei meiner früheren Trainierstation TUS Koblenz.

Eine Woche später, nach einem überragenden 0:0-Spiel bei den Amateuren von Bayern München, traf ich mich in einer Szenekneipe mit Brent Goulet. Er kam rein, machte seine Tasche auf und packte eine Riesenbibel aus. Alle schauten zu unserem Tisch. Das war mir peinlich, aber Brent wusste genau, wie ich mich fühlte und sagte: „Ich würde mich auch auf den Tisch stellen, um zu erzählen, was Jesus für mich getan hat.“ Der Typ faszinierte mich. Mir war vorher schon klar, dass er etwas hatte, das ich auch unbedingt haben wollte. Er strahlte eine Ruhe und Zufriedenheit aus, die ich überhaupt nicht kannte und ich konnte ganz offen mit ihm reden.

Auf der Grundlage der Bibel konnte Brent mir auf alle meine Fragen antworten. Mal las er eine Stelle vor, mal ließ er mich selbst lesen. Und ich fragte weiter, dachte, irgendwann wird auch Brent keine Antworten mehr haben, aber es gab immer eine Bibelstelle, die zutraf. Ich war total aufgewühlt, mein Herz raste. Danach fuhr ich zurück zu meinem Appartement in Mainz und rief meine Frau zu Hause im Westerwald an, dass ich nicht käme. Ich schmiss meine Tasche hin – das Licht machte ich erst gar nicht an – und ging auf die Knie. Ich weinte bitterlich. Es war mein erstes Gebet: „Jesus, wenn es dich wirklich gibt, dann nimm mich an, verzeih mir, wie gottlos ich mein Leben gelebt habe."

Dabei war mir ganz klar, dass Jesus der Einzige ist, der mein Leben in Ordnung bringen kann. Irgendwann bin ich dann eingeschlafen und hatte einen ganz intensiven Traum, in dem Brent mich fragte, ob ich auf diesem Weg mit Jesus mitgehen wolle. Ich antwortete mit ‚ja' und sofort öffnete sich der Himmel und ich sah ein unglaublich helles Licht. Als ich wach wurde, merkte ich, dass ich im Schlaf geweint haben musste, mein Gesicht war nass, mein Herz raste, aber ich wusste: Mein Leben hat sich verändert. Ich habe dann noch einmal ganz bewusst gebetet und Jesus mein ganzes Leben anvertraut.

Später an diesem Tag fuhr ich nach Hause und erzählte meiner Frau alles! Auch all mein Versagen ihr gegenüber. Wir sprachen darüber und weinten zusammen. Dieser Tag im November 2004 hat mein Leben völlig verändert. Die Ruhe und Zufriedenheit, die ich sofort verspürte, war wie eine Befreiung für mich, ein Gefühl, das ich nie zuvor hatte.

Und von Anfang an hatte ich den Wunsch, diese Liebe von Jesus, die ich selbst so intensiv erlebe, auch an andere weiterzugeben. Jetzt wollte ich mehr wissen, Jesus kennen lernen. Seitdem ist die Bibel mein ständiger Begleiter. Manche Verse sind mir besonders wichtig, so zum Beispiel Johannes, Kapitel 14, Vers 6. Dort heißt es: „Jesus sagte zu ihm: Ich bin der Weg, die Wahrheit und das Leben. Niemand kommt zum Vater außer durch mich." Überhaupt rate ich jedem, einmal das Johannes-Evangelium zu lesen und wünsche jedem Leser diese Erfahrung, die ich gemacht habe.

Colin Bell

QUELLE: SRS E.V. / WWW.SRSONLINE.DE

Bernard Mwarome

FC Bayern Jugend
FC Bayern München II
FC Augsburg II
Bonner SC
1. FC Kaiserslautern
SV Heimstetten

Interview mit

Bernard Mwarome

Wer bist du, Bernard?

Ich bin 1997 geboren und komme aus Kenia. Mein Vater ist Kenianer und meine Mutter Deutsche. Mit fünfeinhalb Jahren bin ich nach Deutschland gekommen.

Wann hast du angefangen Fußball zu spielen?

Fußball habe ich schon als kleiner Junge in Kenia gespielt. Als ich dann nach Deutschland kam, kickte ich immer unten auf dem Hof mit den anderen Kindern.

Wie war es für dich, als kleiner Junge nach Deutschland zu kommen?

Obwohl ich anders aussah als die anderen Kinder, war es nicht schwer Freunde zu finden. Oft spielte ich mit einem kleinen Jungen, der aus dem Iran kam. Ich kann mich noch erinnern, dass ich meine Oma und meinen Bruder, die immer noch in Kenia waren, sehr vermisst habe, obwohl ich mich in Deutschland wohlfühlte.

Wer hat dein Talent entdeckt?

Das war unser Postbote, der mich im Hof spielen gesehen hat. Er meldete mich, mit der Erlaubnis meiner Mutter, beim Fußballverein an. Am Anfang war ich sehr schüchtern und zurückhaltend und habe mich überhaupt nicht wohl gefühlt. Aber mit der Zeit wurde es besser. Ich spielte als Stürmer und machte eine Menge Tore.

Als ich etwa sieben Jahre alt war und schon einige Zeit im Verein gespielt hatte, entdeckte mich ein Scout vom FC Bayern München. Er lud mich zum Probetraining nach München ein. Ich wurde angenommen und durfte beim FC Bayern spielen. Mir war gar nicht klar, dass es ein so großer Verein war. Das war mir auch nicht wichtig. Ich wollte einfach nur Fußball spielen, das machte mir Spaß. Von da an fuhr ich dreimal die Woche dorthin zum Training.

Wie ging es weiter?
Mit etwa 16 Jahren wurde es mir mit dem Fußball richtig ernst. Ich war voll bei der Sache und trainierte hart. Als ich mir mit 17 Jahren eine schwere Verletzung zuzog, lief ich zwar auf Krücken, hielt mich aber trotzdem auf dem Trainingsgelände auf.
Eines Tages setzte sich ein Spieler, den ich ganz toll fand, zu mir, als ich in der Kantine war. Er fragte mich, ob ich an Gott glaube. Für mich war das selbstverständlich. Aber wirklich bedeutet hat mir Gott damals nichts. Dieser Spieler lud mich dann zum Gottesdienst ein. Das war eine überwältigende Erfahrung. In mir spürte ich einen Hunger nach Gott. Ich wollte mehr von ihm erfahren. Dann traf ich für mich die Entscheidung, dass ich mit Jesus Christus leben wollte. Ab dann ging ich regelmäßig in die Gottesdienste. Außerdem lernte ich andere Menschen kennen, die Jesus nachfolgten.

Wie hat sich dein Leben geändert?
Ich bekam eine ganz neue Stärke und Hoffnung in meinem Leben. Für mich stand fest, dass ich meinen Glauben an Jesus nicht aufgeben werde, sondern mit ihm zum Gewinnerteam gehöre. Ich denke, durch meinen Glauben habe ich mehr Kraft und Willen zum Kämpfen bekommen. Meine ganze Spielerleistung hat sich dadurch positiv verändert.

Was für eine Position hast du?
Ich bin Mittelfeldspieler, das passt zu mir.

Wie denkst du über die Zukunft?
Ich denke gar nicht so viel über die Zukunft nach. Ich lebe jetzt und heute. Ich weiß, dass Gott einen perfekten Plan für mein Leben hat. Ihm kann ich meine Zukunft anvertrauen.

Was wünschst du dir für deine Fußballkarriere?
Ich möchte gerne so lange wie möglich Fußball spielen, aber auch von meinem Glauben erzählen. Ich möchte geduldiger und liebevoller werden und bin bereit, dorthin zu gehen, wohin Gott mich führt, egal ob in Deutschland oder im Ausland. Überall dort, wo ich hingehe, wird Gott bei mir sein.

Und zum Schluss: Hast du ein Lieblingsbibelwort?
Ja viele, eines davon ist Psalm 32 Vers 5:
Doch endlich gestand ich dir meine Sünde und gab es auf, sie zu verbergen. Ich sagte: »Ich will dem Herrn meine Auflehnung bekennen.« Und du hast mir vergeben und meine Schuld weggenommen!

Bernard Mwarome

JORGINHO

Die Fußballmillionen BRACHTEN MIR keinen Frieden

Kannst du ein bisschen aus deiner Kindheit erzählen? Wo bist du geboren? Wie war deine Familie? Wie warst du als Kind? Wie bist du aufgewachsen?

Ich bin zusammen mit meinen sechs Geschwistern in einem kleinen Ort bei Rio de Janeiro aufgewachsen. Wir waren ganz normale Kinder, wir waren arm, hatten aber eine sehr schöne Kindheit. Dennoch waren wir oft traurig, weil unser Vater so

Jorginho – Jorge de Amorim Campos
Jahrgang 1964, verheiratet, vier Kinder **Nationalität:** Brasilien, Abwehr- und Mittelfeldspieler, Nationalspieler, Co-Trainer der brasilianischen Nationalmannschaft bis 2010, Trainer bei Goias EC 2010, Figuerense FC 2011 und 2012 Kashima
Antlers in Japan, 2013-2014 Flamengo Rio de Janeiro und AA Ponte Preta / Brasilien, ab 2014 Al-Wasl Sports Club / Vereinigte Arabische Emirate. 2015–2016 CR Vasco da Gama 2017 EC Bahia, 2018 Ceará SC
2018– CR Vasco da Gama
Vereine: 1984-1985 América FC (RJ), 1985-1989 CR Flamengo, 1989-1992 Bayer 04 Leverkusen, 1992-1995 FC Bayern München, 1995-1999 Kashima Antlers/Japan, 1999-2000 Sao Paulo FC, 2000-2001 CR Vasco da Gama, 2001-2003 Fluminense,
Sportliche Erfolge: Weltmeister 1994, Deutscher Meister, Leiter einer Fußballschule für Straßenkinder in Rio de Janeiro.

oft weg war. Ich war ein lebhaftes Kind. Wir haben bis zu meinem achten Lebensjahr in einem Holzhaus gewohnt und hatten bei der WM 1974 noch nicht einmal einen Fernseher.

Hattest du Vorbilder als Kind?

Meine Vorbilder waren Zico als Sportler und Leandro als Mensch. Er spielte 1982 in der Nationalmannschaft als rechter Verteidiger.

Wie alt warst du, als du anfingst, Fußball zu spielen? Was hattest du für Träume als Kind?

Ich wollte immer Fußballer werden und spielte mit fünf Jahren auf der Straße. Mit 13 Jahren kam ich erst in einen Verein und wurde mit 17 Jahren Profi.

Wie sahen die ersten Fußballjahre aus? Und wie war die Reaktion deiner Umgebung?

Viele haben mich ermutigt Fußball zu spielen. Ich hatte am Anfang Angst, zu einem Training zu gehen. Ein Freund hat mich ermutigt und die Reaktion auf meine Leistung war sehr positiv.

Kannst du dich an das erste Mal erinnern, als du gebetet hast? Was war dein erstes Erlebnis mit Gott?

Ich habe immer gebetet, als mein Vater weg war. Er hat die Familie öfter im Stich gelassen. Im Januar 1986 betete ich, dass ich meiner Freundin Christina treu sein könnte.

Wie wurdest du 'entdeckt'?

Ein Freund hat mich entdeckt und mit dreizehn Jahren kam ich zu meinem ersten Verein.

Wie kamst du nach Deutschland?

Bayer 04 Leverkusen hatte ein paar Spiele von mir gesehen. Beim Länderspiel gegen Portugal wollten sie eigentlich einen anderen Spieler beobachten, haben mich aber dort entdeckt.

Was war dein erster Eindruck von Europa? Bekamst du schnell Freunde? In welchen Vereinen hast du bis jetzt gespielt? Wo spielst du zurzeit?

Ich empfand es als Brasilianer natürlich sehr kalt in Europa. Prima ist, dass hier alles gut organisiert ist. Meine ersten Freunde waren der Masseur Trzolek, die Spieler Heiko Herrlich und Oliver Pagé und natürlich der Dolmetscher. Ich habe bei America Rio de Janiero begonnen und ging dann nach Flamengo, kam dann von 1989-1992 nach Leverkusen, 92-94 habe ich in Bayern gespielt, von 1994-1998 in Japan bei Kashima Antleres, 1999 bei São Paulo und bin dann 2000/2001 bei Rio Vasco da Gama gewesen und 2002 drei Monate lang bei Fluminense.

Wie bist du zum Glauben gekommen?

Durch die Lebensveränderung meines Bruders bin ich zum Glauben gekommen. Er war Alkoholiker und Jesus hat ihn davon befreit. Ich habe eine Bibel bekommen und viel darin gelesen. Drei Punkte waren entscheidend. Im September 1985 wurde ich augenblicklich von einer Oberschenkelverletzung geheilt, mit der ich mich schon lange herumgeschlagen hatte. Mein Umfeld ging davon aus, dass die Verletzung auf eine bekannte Zauberei aus Brasilien (Macumba) zurückzuführen sei. Als für mich im Bibelkreis gebetet wurde, war ich sofort geheilt. Im Januar 1986 erhörte Gott mein Gebet und ich schaffte es meiner Verlobten treu zu sein. Drittens verglich ich mich mit meinem Bruder, der voller Frieden in seinem Herzen und glücklich war. Ich hatte diesen Frieden nicht, obwohl ich viel Geld besaß. Da erkannte ich, dass ich Gott brauche.

Wie war deine Anfangszeit als Christ?

Die erste Zeit als Christ war sehr gut. Ein Pastor von Atletas de Christo (ein sportmissionarisches Werk in Brasilien) half mir sehr Jesus und die Bibel kennen zu lernen. Ich hatte einen gesunden Anfang mit Gott.

Du hast in Deutschland einen Sportlerbibelkreis gegründet. Wie kam es dazu?
Zuerst hatte ich einen privaten Bibelkreis, der von Pastor Werner unterstützt wurde. Später lernte ich Jo Heß, ehemaliger Mitarbeiter von SRS e.V., kennen und wir hielten dann gezielt Sportlerbibelkreise ab, zu denen viele Spieler kamen.

Hast du andere christliche Arbeiten gestartet?
In Deutschland habe ich in München eine Gemeinde gegründet. Am Anfang kamen nur Brasilianer, jetzt kommen aber auch Deutsche. Auch in Japan habe ich eine Gemeinde gegründet. 50% der Leute dort hatten vorher noch nie von Jesus gehört.

Wie sieht dein Leben jetzt aus?
Wunderbar. Ich habe eine Firma zusammen mit Bebeto und anderen Ex-Spielern und arbeite als Sportagent. Wir haben eine Sozialarbeit, bei der wir über 700 Kinder betreuen. Außerdem bin ich bei Atletas de Christo engagiert. Es gibt auch eine Stiftung in Deutschland.

Was wünschst du dir für die Zukunft?
Mehr soziale Dienste zu beginnen, vielleicht in Thailand, Äthiopien oder Indien. Außerdem würde ich gerne fest mit einer Mannschaft arbeiten oder einen eigenen Verein gründen.

Was ist Sinn des Lebens? Gott mehr zu lieben.

Was willst du, dass deine Freunde über dich sagen?
Er ist ein echter Christ.

Was ist das Wichtigste, das du deinen Mitmenschen sagen willst?
Jesus lebt. Er gibt ein super Leben.

Jorginho – Jorge de Amorim Campos

QUELLE: SRS E.V. / WWW.SRSONLINE.DE

Eigentlich hatte ich alles

TORHÜTER JOËL KIASSUMBUA

FOTO: WONG WANNAWAT

Eigentlich hatte ich alles. Ich war auf dem Weg, ein junger und erfolgreicher Fußballprofi zu werden. Mit zwölf Jahren wechselte ich von meinem kleinen Dorfverein zum großen FC Luzern. Mit 15 wurde ich Junior Nationalspieler und mit 17 gewann ich mit der Junioren-Nationalmannschaft der Schweiz die U17 Weltmeisterschaft. Die ganze Welt lag mir zu Füßen. Als ich dann noch eine Einladung aus England erhielt, schien alles perfekt. Doch es sollte alles anders kommen. Aus dem bekannten, erfolgreichen und talentierten Spieler Joël Kiassumbua wurde ein arbeitsloser junger Mann, nach dem keiner mehr fragte. Es schien alles vorbei zu sein. Der große Traum vom Fußballprofi war ausgeträumt. Und doch war es nicht das Ende der Geschichte von Joël Kiassumbua.

FC Südstern

Mein Vater, ein fußballbegeisterter Mann aus dem Kongo, und meine Mutter, die aus der Schweiz stammt, bekamen zwei Kinder, meine große Schwester und mich. Von Kindheit an lehrten sie uns, Gott zu fürchten und zu ehren. Für mich war selbstverständlich, dass es Gott gibt. Meine Kindheit war geprägt von Kirche und Fußball. Mit sechs Jahren begann ich Fußball zu spielen. Ich hatte die großen Jungs vom Spielplatz aus beobachtet, als sie zum Training gingen und rannte hinter ihnen her, um zuzuschauen. Was ich auf dem Spielfeld sah, gefiel mir. Ich rannte zu meinem Vater und fragte, ob ich auch im Verein Fußball spielen dürfte. Er sagte ja. So begann ich beim FC Südstern. Von Anfang an war ich mit Leidenschaft dabei. Es gab dort viele Kinder aus allen möglichen Ländern, weil es in meiner Gegend viele Einwanderer und Asylanten gab. Im Verein bemerkte man bald, dass ich Talent hatte.

Ich kam aus der Ausländerecke der Stadt

Mein damaliger Schulfreund, der beim FC Luzern trainierte, nahm mich zum Training bei seinem Club mit. Damals war ich elf Jahre alt. Die Trainerin dort sah, dass ich Talent hatte und fragte mich, ob ich richtig großen Fußball spielen wollte. Kurz darauf kam der Nachwuchschef und drückte mir einen Zettel in die Hand. Es war der Trainingsplan für den Sommer. Für jeden Tag war Training geplant. Ich brauchte auch neue Schuhe und Ausrüstung. Einen Teil bezahlten meine Eltern, den Rest zahlte der Verein. Alles war neu für mich und ich war unendlich stolz, es dorthin geschafft zu haben. Manchmal wurde ich aber auch fertig gemacht. Ich kam aus der Ausländerecke der Stadt und manche meinten, dass ich deshalb nichts konnte. Mein Vater hat oft mit mir gebetet und meine Mutter hat mir die Kicker-Bibel gegeben. Ich wusste, dass Gebet etwas bringt.

Sportschule

Dann wurde ich befördert und durfte mit Jungs spielen, die ein Jahr älter waren als ich. Als ich in die U15 Mannschaft kam, wurde ich als Torhüter für die U15 Nationalmannschaft der Schweiz ausgewählt. Gleichzeitig bekam ich einen Vertrag bei meinem Club FC Luzern. Ab jetzt ging alles sehr schnell. Zu dieser Zeit hatte ich schon meinen Glauben an Jesus, aber noch keine richtigen Wurzeln und keine tiefe Beziehung zu Jesus Christus. Nach der sechsten Klasse wechselte ich zur Sportschule. Alle talentierten Jungs aus unserer Gegend gingen dorthin. Der Schulweg mit dem Bus dauerte immer eine Stunde.

Nach der Schule begann ich eine kaufmännische Lehre. Weil ich so viel mit meinem Verein unterwegs war, musste ich diese aber abbrechen. Die Schule war mir eigentlich leicht gefallen, aber ich wollte nur eines: Fußballprofi werden.

Ich verlor den Bezug zur Realität und wurde überheblich

Mein großer Durchbruch kam, als wir mit der U17 die Weltmeisterschaft gewannen. Als wir auf dem Flughafen in der Schweiz landeten, wussten die Leute, wer ich war. Alle wollten etwas von mir, ich bekam viele Geschenke. Es war, als ob ich den Boden unter den Füßen verlor und in einer Traumwelt schwebte. Ich verlor den Bezug zur Realität und wurde überheblich.

FOTO: FRESHFOCUS

Die Leute sahen mich plötzlich ganz anders an. Heute weiß ich, dass es kein echtes Interesse an mir war, sondern nur an meinen Leistungen und meiner Berühmtheit.

Dann kam die Einladung zum Probetraining nach England. Alle im Verein wussten davon und dachten, ich werde nach England gehen. Aber der Transfer kam nicht zustande. Ich war zu teuer.

Dann war alles aus

Als ich zurückkam, war alles anders. Mein Traum, in einem englischen Club zu spielen, war zerbrochen. Auch auf dem Spielfeld in meinem alten Club lief es nicht mehr wie vorher. Andere Dinge in meinem Leben nahmen jetzt mehr Platz ein: Feiern, Mädchen, Alkohol und ein anderer Lebensstil. Innerlich wusste ich, dass dieses Leben nicht gut für mich war und auch nicht mit meinem Glauben an Jesus übereinstimmte. Aber es zog mich hinaus in diese Welt. Ich dachte, ich wüsste es besser als meine Eltern. Ich war ein rebellischer Junge geworden. Auch der Trainer bemerkte, dass ich mit dem Kopf nicht mehr richtig bei der Sache war. Ich habe den Draht zu Gott und zur

Realität verloren. Der FC Luzern lieh mich für ein halbes Jahr nach Kriens aus, aber dort saß ich nur auf der Bank. Danach lief mein Vertrag mit dem FC Luzern aus. Erst meldete sich niemand mehr bei mir. Dann bekam ich noch eine Chance und konnte tagsüber beim Grasshopper Club in Zürich und abends in Rapperswil trainieren. Aber das hielt ich nur vier Monate aus. Dann war wirklich alles aus. Ich war wieder ein ganz normaler Junge, wie jeder andere auch. Dazu kam, dass ich arbeitslos war. Ich hatte nichts, konnte aber bei meinen Eltern wohnen. Meine Schwester übernahm die Kosten für das Fitness Center, damit ich mich wenigstens fit halten konnte.

Ab da begann ich mich ernsthaft mit Jesus zu unterhalten

Niemand fragte mehr nach mir. Die ganze Clique war weg. Ich hatte noch ein paar Freunde, aber sonst war nur noch meine Familie für mich da. Das Härteste war, als eine große Sportzeitung ein Interview mit mir machen wollte und gleichzeitig mit einem Nationalmannschaftskollegen der Schweizer U17, der es ganz nach oben geschafft hatte. Man wollte den Vergleich zeigen: Ich, der Verlierer, und er, der Gewinner. Beide mit der gleichen Ausgangsposition. Ich habe das Interview gemacht und auch gesagt, dass ich glaubte, es nochmal zu packen.

In dieser Zeit habe ich viel mit meinem Vater gesprochen. Er ist mein Vorbild und hat Klartext mit mir geredet. Er legte mir nahe, noch mal neu mit Jesus anzufangen. Ab da begann ich ernsthaft mit Jesus zu reden. Ich las auch selber in der Bibel. Sie wurde für mich ein sehr wertvolles Buch. Ich versuchte mich daran zu orientieren, was ich las. Das Wort Gottes gab mir neuen Mut. Von einigen Freunden distanzierte ich mich und suchte ernsthaft die Nähe zu Gott im Gebet und durch Fasten.

Dann kam, völlig überraschend, ein Telefonanruf. Ich wurde zu einem Probetraining nach Wohlen eingeladen. Ich sagte sofort zu. Nach einer Woche Probetraining bekam ich einen zweijährigen Vertrag. Ich war wieder dabei. Ich wusste, dass es Gott gewesen war, der mir eine zweite Chance gegeben hatte.

Ein Anruf aus dem Kongo

Der Torhüter Trainer Boris Ivkovic war wie ein zweiter Vater für mich und hat mich sehr ermutigt und mir geholfen. Zu Beginn war ich der dritte Torhüter in dem Verein, aber nach einiger Zeit stieg ich zum ersten auf. Es war die beste Saison in der Geschichte des Clubs. Der Trainer der kongolesischen Nationalmannschaft rief mich während der erfolgreichen Saison an. Er hatte meine Laufbahn verfolgt und fragte mich, ob ich Nationalspieler für den Kongo werden wollte. Mir kamen die Tränen am Telefon und ich sagte ja. So konnte ich die Heimat meines Vaters zum ersten Mal kennenlernen.

FOTO: WONG WANNAWAT

Jesus hat den ersten Platz in meinem Leben

Nach meiner Zeit beim FC Lugano wechselte ich zu Servette FC und spielte in der ersten Schweizer Liga. Es folgte eine schwierige Zeit in der Vereinslosigkeit. Dennoch spiele ich für. die Nationalmannschaft des Kongo und repräsentiere damit 80 bis 100 Millionen Menschen. Mit diesem Team reise ich um die ganze Welt und lebe meinen Traum. Aber diesmal ist alles anders. Jesus hat den ersten Platz in meinem Leben. Ihm verdanke ich, dass ich es nochmal geschafft habe. Jetzt weiß ich, dass ich bei Jesus in guten Händen bin, auch wenn eines Tages alles weg ist, was ich heute habe. Ich bin bei Ihm angekommen. Ich gehöre Ihm. Ihm will ich in erster Linie dienen, durch das Fußballspielen und auch sonst mit meinem ganzen Leben.

Joël Kiassumbua

Bist du wirklich glücklich?

NZUZI „TOKO" BUNDEBELE

Personalien

NAME: Nzuzi Bundebele Toko, Jahrgang 1990,
GEBURTSORT: Kinshasa, **GRÖSSE:** 171 cm, **POSITION:** Mittelfeld

Junioren

2000-2003: SC Young Fellows Juventus
2003-2007: Grasshopper Club Zürich

Herren

2007-2008: Grasshopper Club Zürich U-21
2008-2014: Grasshopper Club Zürich
2014-2015: Brighton & Hove Albion
2015-2016: Eskiehirspor
2016-2018 FC St. Gallen
2018-2019: Al-Fateh
2019-2020: IFK Göteburg
2020-2022: Würzburger Kickers

Nationalmannschaft

2011-2013: Schweiz U-21
2013-: DR Kongo

Kinshasa – Zürich

Mein Name ist Toko. Ich bin in Zürich aufgewachsen und zum Fußballprofi geworden. Geboren bin ich allerdings in Kinshasa, der Hauptstadt des Kongo. Als ich drei Jahre alt war, bin ich mit meiner Familie in die Schweiz gekommen.

Ich bin katholisch aufgewachsen und habe in der Kirche als Ministrant gedient.

Mit 16 meinen ersten Profivertrag

Da mein Vater, meine Brüder und sogar meine Mutter Fußball gespielt haben, bin ich schon als Kind mit diesem „Virus" angesteckt worden.

In der Schule hatte ich meistens Mühe mitzukommen, doch der Fußball hat dies mehr als ausgeglichen. Bereits mit 16 Jahren bekam ich einen Profivertrag bei Grasshoppers Zürich und mit 17 Jahren meinen ersten Profieinsatz. Schnell wurde ich Stammspieler und konnte meinen Kindheitstraum leben.

Ich war der glücklichste Mensch auf der Welt

An Gott hatte ich immer geglaubt, doch auf mein Alltagsleben hatte das keinen großen Einfluss. Dies sollte sich allerdings 2013 völlig ändern.

Wir waren gerade Schweizer Pokalsieger geworden. Ich war der glücklichste Mensch auf der Welt, für mich hatte sich ein Kindheitstraum erfüllt!

Bist du wirklich glücklich?

Nun war feiern angesagt; ich war total euphorisch. In dieser Situation fiel mir eine junge Frau auf, auf die ich mit eindeutigen Absichten zuging. Sie „blockte ab" und wollte ungestört mit mir reden. Irgendwann fragte sie mich: „Bist du wirklich glücklich?" Mit der Medaille um den Hals verwies ich auf den Pokalsieg und die Erfüllung meines Kindheitstraums.

Sie freute sich für mich, bemerkte allerdings noch, dass ich hoffentlich nicht vergessen hätte, Gott dafür zu danken. Nun erzählte sie mir, dass sie selbst Fußballspielerin gewesen war, sogar Nationalspielerin, aber nach drei schweren Verletzungen aufhören musste. Sie konfrontierte mich mit elementaren Fragen: Was zählt im Leben? Was ist wirklich wichtig? Sie meinte, dass man für Gott, für Jesus Christus, leben sollte.

Ich wollte mehr wissen

Unser Gespräch hatte eine ernste Wendung genommen. Ich merkte, dass sie erfüllt war und Zufriedenheit ausstrahlte, obwohl sie doch etwas verloren hatte. Ich hatte das nicht, obwohl ich Pokalsieger war, und wollte es auch haben. Ich fühlte mich ganz klein und merkte, dass Gott meine Aufmerksamkeit haben wollte. Ich wollte mehr wissen über das Geheimnis ihrer Zufriedenheit.

Trotzdem bin ich mitgegangen

So lud sie mich zu einem Gottesdienst ein. Gottesdienst? „Oh, mmmh", dachte ich, „das ist doch total langweilig, nichts für mich". Früher bin ich in der Messe sogar manchmal eingeschlafen.

Trotzdem bin ich mitgegangen, da ich ihr Geheimnis herausfinden wollte. Ich wurde positiv überrascht in dieser Freikirche. Noch nie hatte ich so viele junge Menschen gesehen, die freiwillig in die Kirche gingen. Der Gottesdienst dort berührte mich. Zum ersten Mal in meinem Leben wurde mir klar, dass man eine persönliche Beziehung zu Jesus Christus haben kann. Ich selbst hatte früher nur gebetet, wenn ich Probleme hatte oder etwas von Gott wollte.

Ich erkannte, wie verloren ich gewesen war

Auf der Heimfahrt im Auto weinte ich und fühlte mich schuldig. Ich hatte erkannt, dass es Dinge in meinem Leben gab, die vor Gott nicht in Ordnung sind. Deshalb betete ich: „Ich will DICH mehr kennenlernen! Ich will das haben, was diese Frau hat!"

Bis zu diesem Tag hatte ich noch nie in der Bibel gelesen. Nun fing ich damit an, um mehr zu erfahren. Das hat mich näher zu Gott gezogen. Ich erkannte, wie verloren ich gewesen war und dass ich Jesus Christus brauchte.

Mein Leben hat sich geändert

Ich kann nicht exakt den Zeitpunkt sagen, wann genau ich Jesus einlud, mein Herr und Retter zu werden, aber ich weiß, dass mein Leben Jesus Christus gehört und nicht dieser Welt. Er soll mich gebrauchen!

Mein Leben hat sich geändert, ich habe Dinge aufgegeben, die Gott nicht gefallen. Meine Eltern und Kollegen haben das gemerkt.

Ich fing auch an, eine Bibelstunde mit einem Mannschaftskollegen zu besuchen. Ich möchte weiter im Glauben wachsen.

Nzuzi „TOKO" Bundebele

FOTO: FRESHFOCUS

Mir liegen die Spieler am Herzen

Fußball war mein Lebensinhalt
Aufgewachsen bin ich am Niederrhein in einem Elternhaus, das mir Geborgenheit und Liebe gegeben hat. Inzwischen lebe ich in der Schweiz (Grub). Schon als kleines Kind spielte ich mit Begeisterung Fußball. Fußball wurde zu meinem Lebensinhalt! In meiner aktiven Zeit spielte ich für mehrere Vereine – zumeist im Mittelfeld.

Eine Kollegin war Christ
Nach Schule und Bundeswehr fing ich an zu studieren, stellte allerdings fest, dass der Lehrerberuf nicht das Richtige für mich war. Deshalb begann ich eine Ausbildung bei einer Krankenkasse. Dort brachte mir eine Arbeitskollegin durch Gespräche und Schriften das Evangelium nahe. Bis dahin war ich der Meinung, Jesus sei schon irgendwie wichtig, hatte aber keine Vorstellung, was das konkret mit meinem Leben zu tun hätte. Durch die Gespräche mit meiner Kollegin und einen Film über das Leben Jesu wuchs bei mir die Neugier und der Wunsch, Jesus kennenzulernen, und dies, obwohl ich ei-

gentlich schon lange mit der Kirche abgeschlossen hatte.

Im Treppenhaus

Eines Tages fragte mich meine Kollegin, was mich daran hindern würde, Jesus zu vertrauen und IHM mein Leben zu geben. „Nichts!", sagte ich. „Ja, warum tust du es dann nicht?", fragte sie. Gesagt, getan. Noch im Treppenhaus meiner Ausbildungsstelle betete ich mit meiner Kollegin und gab dort mein Leben Jesus Christus. An diesem Tage erfüllte sich für mich der Wunsch, den ich bereits als Kind hatte, nämlich in den Himmel zu kommen, ewiges Leben zu haben.

Eine totale Veränderung

Am gleichen Abend, als ich nach Hause kam, bekannte ich Jesus alle meine Schuld und meine Sünden, die mir einfielen, und bat IHN um Vergebung. Von diesem Tag an erfuhr ich eine völlige Veränderung in meinem Leben. Zum Beispiel interessierte ich mich früher überhaupt nicht für Menschen, die ich nicht kannte. Aber seit diesem Abend bekam ich eine große Liebe für Menschen, auch für die, mit denen ich nichts zu tun hatte. Ich war erstaunt. So etwas kannte ich von meinem früheren Leben nicht.

Ich lernte meine Frau kennen

Alle meine Arbeitskollegen bemerkten die Veränderung bei mir, auch wenn einige nicht richtig verstanden, was mit mir passiert war. Bald fand ich eine Gemeinde, die mein geistliches Zuhause wurde: Eine Baptistengemeinde in der Nähe meiner Heimatstadt. Während eines Urlaubs in der Schweiz lernte ich meine Frau kennen. Dadurch kam ich in die Schweiz. Fast zehn Jahre lang arbeitete ich dort, dann teilzeitlich an ei-

ner Bibelschule. Damals fing ich an zu überlegen, wie ich Fußballer mit der frohen Botschaft von Jesus erreichen könnte. Fußballspieler deshalb, weil Fußball immer noch eine große Rolle in meinem Leben spielte.

Der Anfang meiner Arbeit

Mir kam der Gedanke, allen Spielern der ersten und zweiten Liga ein kleines Buch mit Berichten von Fußballspielern und wie sie Jesus gefunden haben, zusammen mit einem persönlichen Brief, zu schicken, was ich dann auch tat. So begann meine Arbeit mit Profispielern. Später sprach ich Spieler auch selbst an, wenn sie zum Beispiel mit ihrer Mannschaft nach St. Gallen ins Trainingslager gekommen waren, um sich auf die neue Saison vorzubereiten. Einmal bat mich ein nigerianischer Spieler um Hilfe, einen Verein für ihn zu finden. Ich bin zwar kein Spielervermittler oder Manager, aber ich wollte ihm helfen. Deshalb fragte ich bei einem Bundesligaverein in Österreich für ihn an. Er durfte daraufhin zum Probetraining kommen und erhielt einen Vier-Jahresvertrag.

Bibelkurse

Die Spieler waren mir wichtig, und so ging ich mit meinen Kindern zu Spielen der ersten und zweiten Liga. Nach Spielschluss sprach ich die einzelnen Spieler persönlich an und schenkte ihnen bei Interesse Neue Testamente oder christliche Bücher. Mit der Zeit bekam ich zu einigen von ihnen einen guten Kontakt. Das Ganze führte schließlich dazu, dass ich anfing, bei uns zu Hause mit den Spielern Bibelkurse durchzuarbeiten. Spieler aus mehr als zehn verschiedenen Nationen, die meisten aus Österreich und Brasilien, kamen so nach und nach, einige mit Problemen und sehr vielen Fragen. Es gibt bei uns zu Hause Abende mit stundenlangen tiefen Gesprächen. Einige dieser Spieler fanden zum lebendigen Glauben an Jesus Christus. Auch Ehefrauen und Freundinnen von Spielern trafen diese Entscheidung und luden dann wieder andere Spieler zum Bibelkurs ein.

Mir liegen die Spieler am Herzen

Mittlerweile habe ich viele Jahre Bibelkurse mit Spielern gemacht und den Kontakt mit ihnen aufrecht erhalten. Ich durfte manche positive Veränderungen bei ihnen miterleben. Einige blieben länger, andere wechselten zu anderen Vereinen und in andere Länder. Nach mehr als dreißig Jahren bin ich immer noch regelmäßig anlässlich von Fußballspielen bei Profis und Junioren unterwegs. Zurückblickend erlebte ich auch so manche Enttäuschung. Dass ich nicht aufgegeben habe und diese Arbeit heute noch immer mache, hat einzig und alleine Jesus Christus bewirkt. ER hat mir immer wieder den Mut und die Kraft gegeben, weiter zu machen. Und gerade in den letzten Jahren wurde ich sehr ermutigt, weil Spieler IHN gefunden und als ihren Retter und HERRN angenommen haben. Mir liegen diese Spieler sehr am Herzen.

Der größte Sieg im Leben

Wenn ich zurückschaue, kann ich voller Dankbarkeit sagen: Ich bin glücklich, diesen Menschen, die trotz ihres Traumberufes auf der Suche nach dem Sinn des Lebens sind, den Weg zeigen zu können, wie man wirklich den größten Sieg im Leben erfahren kann, nämlich indem man sein Leben vorbehaltlos in die Hände Jesu legt.

Friedhelm Weicken
fweicken.jesusrettet@bluemail.ch

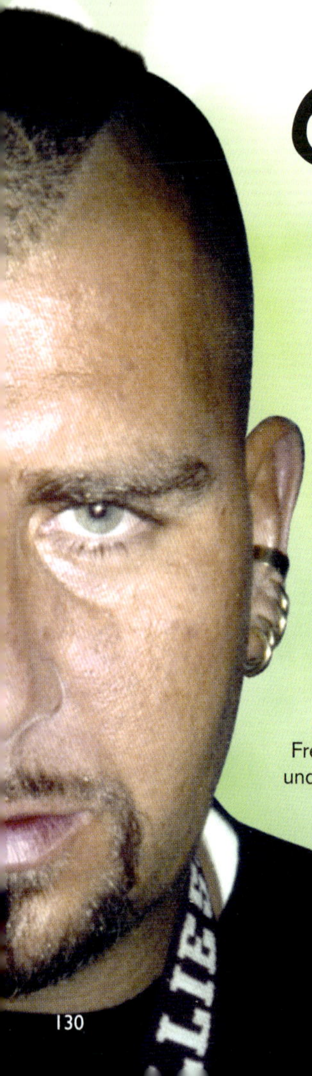

OLLI

EHEMALIGER HOOLIGAN, PUNKER, SKINHEAD UND NEONAZI

In Berlin-Ost, in der DDR, bin ich als erstes Kind von zweien geboren und in Berlin-Köpenick aufgewachsen. Meine Mutter wollte uns schon als kleine Kinder in den Kindergottesdienst schicken, was in der DDR nicht gerade begrüßt wurde. Das Einzige, was mich zu den gläubigen Kindern in der Sonntagsschule zog, waren die Überraschungseier aus dem Westen, die es dort immer gab. Einen lieben Gott lernte ich dort nicht kennen. Meine Mutter war Fremdsprachenlehrerin für Englisch und Russisch auf der Volkshochschule.

Von meinem Vater weiß ich nur, dass er Handelskaufmann und selten zu Hause war. Er griff zur Flasche und es dauerte nicht lange und meine Eltern ließen sich scheiden. Zu diesem Zeitpunkt war ich gerade zehn und mein Bruder sieben Jahre alt. Nun musste meine Mutter uns beide allein durchbringen. Sie hatte wenig Zeit für uns, weil sie täglich bis zum Abend in der Schule unterrichtete. So waren mein Bruder und ich auf uns selbst angewiesen. Das hatte zur Folge, dass wir viele Dummheiten anstellten.

KLASSENCLOWN, PUNKER, FUSSBALLFAN UND SCHLÄGER

In der Schule fiel ich eher als Klassenclown statt als guter Schüler auf. Sämtliche Lehrer hatten unter meinen Parodien zu leiden. Schon damals wollte ich, komme, was wolle, auffallen und stänkern. Den Abschluss der zehnten Klasse schaffte ich gerade mal so. Die Schule war für mich nicht nur uninteressant, nein, ich hasste sie regelrecht. In der Freizeit, in der andere Schüler Arbeitsgemeinschaften besuchten oder Hausaufgaben machten, zog es mich hinaus. Täglich fuhr ich zum Alexanderplatz, um irgendwelche Abenteuer zu erleben. Ich lernte einige Punks kennen. So war ich 1978, schon mit 15 Jahren, ein Mitbegründer der ersten Punkbewegung in der DDR. Auffallen war jetzt meine Devise. Den artigen DDR-Bürgern und FDJlern bot sich ein Bild des Schreckens, wenn wir mit eingewachsten bunten Haaren und zerrissenen Klamotten gegen den Staat wetterten. Wir sahen uns nicht nur als Spießerschreck, sondern als echte Staatsfeinde. Zur gleichen Zeit machte ich Bekanntschaft mit Fußballfans eines in der DDR und Ostberlin unbeliebten Clubs. Sofort fing ich Feuer. Ich lernte sehr schnell die krawallstiftende Gruppierung dieses Clubs kennen und fühlte mich dort als Punk und Staatsfeind pudelwohl. Nun kam ich mit Gewalt in Berührung.

Wir waren die Feinde jedes anderen Fußballvereins. An den Wochenenden kam es zu Ausschreitungen zwischen den Fans. Meistens waren wir die Gewinner, aber es kam auch vor, dass ich mit gebrochener Nase oder einem zugeschwollenen Auge nach Hause kam. Schlägereien, Alkohol und Hass prägten meine Jugend.

MIT 17 JAHREN IM GEFÄNGNIS

Ich war noch nicht mal 17 Jahre alt, als bei einer Hausdurchsuchung der Stasi von mir verfasste staatsfeindliche Texte, Tonbänder und Honeckerkarikaturen gefunden wurden und ich für ein Jahr ins Gefängnis, in ein so genanntes „Jugendhaus", kam. Das war ein Schock. Ich musste meine Lehre abbrechen und saß nun, in der Blüte meiner Jugend, als politischer Gefangener im Knast. Das war die schlimmste Zeit überhaupt. In diesem Jugendgefängnis ging es hart zur Sache. Plötzlich waren da keine Kumpels vom Fußball oder aus der Punkbewegung mehr. Ich war allein. Allein unter Mördern, Vergewaltigern und Perversen.

Dieses Gefängnis war sehr militärisch. Ich entwickelte mich zu einem jener Typen, die dort einsaßen. Ich wurde zu einem Menschenhasser. Es gibt da so einen schlechten Spruch: „Die Zeit heilt alle Wunden." Ich meine, manche tiefe Wunde entzündet sich immer wieder neu und fängt an zu eitern.

VOM FUSSBALLCLUB ZU DEN WOHL AM MEISTEN GEFÜRCHTETEN SCHLÄGERN DER DDR AUFGESTIEGEN

Auch diese Zeit verging. Nachdem ich aus dem „Jugendhaus" entlassen worden war, schloss ich mich wieder meinen alten Kumpels an. Mittlerweile waren wir von unserem Fußballclub zu den wohl am meisten gefürchteten Schlägern der DDR aufgestiegen. Das machte mich umso stolzer. Ich sah für mich keine Zukunft in der DDR, auch wenn ich auf der Abendschule meinen Gesellenbrief nachholen konnte. Ich war nur von Hass erfüllt. Hass auf den Staat, Hass auf andere Fußballfans, Hass auf die Polizei, sogar Hass auf mich selbst. Weiterhin fuhr ich noch jedes Wochenende zu Fußballspielen, immer in der Hoffnung auf Auseinandersetzungen und Gewalt. Mein Feindbild war die Polizei, andere Fußballfans und die „Stasibonzen", wie ich jeden Behördenbeamten nannte.

Anfang der 90er Jahre kam es wegen des Mauerfalls in Ostberlin bei der Polizei und anderen Behörden zu anarchistischen Zuständen. Die Ostberliner Polizei hatte nun keine richtige Führung mehr. Alles ging drunter und drüber. Diese Gelegenheit nahm ich wahr, um mich als Hooligan richtig in Szene zu setzen. Jetzt konnte ich mich austoben. Mein Feindbild, die Polizei, diese Kommunisten, hatten plötzlich Angst vor der eigenen Bevölkerung. Fußballspiele in den neuen Bundesländern wurden zu Sammelbecken streitsuchender Gewalttäter. Hauptsächlich wurde gegen die Polizei gekämpft. Aus allen Teilen Deutschlands trafen sich auch die totgeglaubten Schläger des Ostens beim Fußball wieder, um Randale zu machen. Ich, in vorderster Reihe, mit dabei. In den Jahren von 1990 bis 1996 stand ich sehr oft vor dem Richter. In dieser Zeit schloss ich mich der rechten Skinheadszene an. Mir gefiel das Katz-und-Maus-Spiel zwischen den Skins und der Polizei.

ICH WURDE EIN NEONAZI

Skinheadkonzerte waren das Größte für mich. Hier konnte man mit erhobenem „Heil Hitler"-Gruß den Staat ärgern. Dass der Staat jetzt BRD hieß und nicht mehr DDR, war mir egal.

Durch den Umgang mit den rechten Skinheads formte sich mein Weltbild tatsächlich zu dem eines Neonazis. Ich ließ anfangs kaum Konzerte von rechten Bands aus. Selbst bei Aufmärschen in Dänemark und Schweden marschierte ich mit. Parallel dazu immer noch Fußballkrawalle und Alkohol. Nun eröffnete sich mir Ende der 90er Jahre die Möglichkeit, mit alten Kumpels eine Kneipe zu eröffnen. Ich war Feuer und Flamme. Ich stand hinterm Tresen und füllte die Fußballhorden der Reihe nach mit Alkohol ab. Die Partys häuften sich und dauerten immer länger. Auch ich war dem Alkohol nicht abgeneigt. Zu dem vielen Alkohol konsumierte ich später auch Drogen. Zuerst bemerkte ich es nicht, doch später wurde mir schon bewusst, dass ich abhängig war.

Mir ging es immer schlechter. Die Karre fuhr immer tiefer in den Dreck. Immer mehr geriet ich in den kriminellen Sumpf. Der Himmel um mich herum zog sich zu. Es gab Nächte, in denen ich nach dem Sinn des Lebens fragte. Irgendwie spürte ich jedes Mal, wenn ich mich so tief unten fühlte und es mir dreckig ging, dass es da draußen irgendetwas gab, das mich retten konnte. Gab es einen Gott?

ICH BEKAM EINE BIKER-BIBEL

Gott reichte mir sehr oft in meinem Leben seine Hand, doch ich hatte ihm jedes Mal eine Absage erteilt. Aber er ließ nicht locker. Es geschahen die wundersamsten Dinge.

Eines schönen Wochenendes bekam ich die Einladung zu einem Motorradtreffen. Dort lief es ähnlich ab wie in der Fußball- oder Skinheadszene: viel Alkohol, laute Musik etc. Als ich angetrunken am Biertisch saß, konnte ich plötzlich meinen Augen nicht mehr trauen. Zwischen all den kaputten Gestalten lief eine Hand voll Rocker mit einem riesigen gelben Kreuz auf der Weste an mir vorüber. Ich sprach einen von ihnen an und fragte, was es mit dem Kreuz auf sich habe. Sie erzählten mir, sie seien Christen und luden mich in ihr Zelt ein. Damals wusste ich noch nicht, dass dieses Zusammentreffen mit dem „TRIBE OF JUDAH“ eine entscheidende und von Gottes Hand geführte Begegnung war.

Die Jungs vom „TRIBE” erzählten mir einzeln ihre persönlichen Erfahrungen mit Gott. Ich war hin- und hergerissen. Es war, obwohl ich angetrunken war, ein unvergessener herzlicher Abend, der mit einem gemeinsamen Gebet endete. Einer von ihnen gab mir zum Abschluss eine „Biker-Bibel“ mit. Zu Hause stellte ich diese zu meinen anderen Büchern. Wer

konnte ahnen, dass dieses Buch ein entscheidendes Fundament meines Lebens werden sollte?

Es verstrichen weitere Monate in der Kneipe als Wirt. Gott berührte mich in immer kürzeren Abständen. Doch ich versuchte, ihn in Alkohol und Drogen zu ersäufen. An manchen Sonntagen zappte ich, noch verkatert, durch die Fernsehlandschaft. Immer wieder blieb ich auf NBC hängen. Sonntags, um 12.30 Uhr, lief dort die „Fernsehkanzel" mit Pastor Wolfgang Wegert. Ohne dass es mir bewusst war, wurde diese Sendung zu meinem Pflichtprogramm. Ich stellte mir sogar den Wecker, selbst wenn ich erst in den frühen Morgenstunden vom Kneipendienst nach Hause kam, um die Predigt nicht zu verpassen.

EINSATZ MEINES SCHAUSPIELERISCHEN TALENTS

Die Kneipe lief nicht besonders gut, so dass ich nach einer weiteren Einkommensquelle Ausschau hielt. Ein gerissener Kumpel kam mir da gerade recht, als er mir riet, mich auf Kosten des Staates und der Krankenkasse krankschreiben zu lassen, um das Krankengeld zu kassieren. Dazu war es notwendig, mindestens ein Jahr krankgeschrieben zu werden. Wir fanden heraus, dass das nur aufgrund psychosomatischer Erkrankung möglich war.

Ich informierte mich über das Krankheitsbild einer klassischen Depression und erfand eine dazu passende Geschichte. Ich spielte dem Arzt also eine nicht vorhandene Depression vor. Anfangs lief alles glatt. Zehn Monate lang besuchte ich zahlreiche Therapeuten, denen ich unter Einsatz meines schauspielerischen Talents erfolgreich eine Depression vormachte. Doch machte mir die Krankenkasse auf einmal einen Strich durch die Rechnung, indem sie weitere Zahlungen verweigerte. Für unser Vorhaben war es jedoch notwendig, ein ganzes Jahr voll zu bekommen. Es fehlten noch zwei Monate. Mein behandelnder Psychologe, von dem ich bis heute nicht weiß, ob er mein Spiel durchschaute, empfahl mir eine psychosomatische Kur zu beantragen, deren Bewilligungszeitraum mindestens sechs Monate in Anspruch nehmen würde. Das kam meinem Vorhaben natürlich sehr entgegen.

Wer mit dem Wesen der deutschen Bürokratie vertraut ist, wird den Schock nachvollziehen können, den ich bekam, als der Bewilligungsbescheid schon nach einer Woche in meinem Briefkasten landete. Nun erst wurden mir die Ausmaße meiner Inszenierung bewusst: Ich musste diese Kur antreten!

Das bedeutete, dass ich mindestens sechs Wochen für die Kneipe nicht zur Verfügung stehen würde. Mein Geschäftspartner war strikt dagegen, da ich der Publikumsmagnet dieser Hooligankneipe war und mein Wegbleiben zu finanziellen Verlusten führen würde. Doch ich setzte mich durch und trat die Reise an. Eine Reise, die mein Leben von Grund auf verändern sollte.

ICH BEGANN ZUM ERSTEN MAL, DIE BIBEL ZU LESEN

Unter den zahlreichen Musik-CDs, Büchern und Zeitschriften, die ich mitnahm, befand sich auch die Biker-Bibel. Im Zug auf der Hinfahrt begann ich zum ersten Mal, die Bibel zu lesen. Mich beschlich eine Ahnung, dass ich die Ereignisse dieser Kur nicht unter Kontrolle haben würde. Ein Betreuer würde mich am Bahnhof des Kurortes abholen. Als ich aus dem Zug stieg, war mir bewusst, dass ich die nächsten Wochen meines Lebens in die Rolle eines manisch-depressiven Menschen schlüpfen musste.

Vierundzwanzig Stunden am Tag sollte ich den Ärzten, Therapeuten und vor allem den Mitpatienten eine Lüge vorspielen. Mir war klar, dass mehr dazu gehörte als schauspielerische Begabung. In der Bibel, die ich im Zug gelesen hatte, stand, dass Jesus rettet. Ohne länger nachzudenken, betete ich zu Gott, er möge Regie über die nächste Zeit führen.

EIN GEBET, DAS NICHT UNBEANTWORTET BLEIBEN SOLLTE

Ich verstellte mich, so gut ich konnte, und glaubte mich auf einer Showbühne. Alle nahmen mir meine Depression ab. Anfangs machte es mir sogar Spaß, die Ärzte und Therapeuten an der Nase herumzuführen. Nach zwei Wochen begann ich mich jedoch immer unwohler in meiner Haut zu fühlen. Um mir die Zeit zu vertreiben, besuchte ich sonntags die Freie Evangelische Gemeinde der Stadt. Ich wurde dort sehr freundlich begrüßt, doch der Gottesdienst war sehr schleppend und die Menschen machten auf mich einen eher traurigen Eindruck.

In den nächsten Wochen trieb ich eine Menge Sport und ging viel spazieren. Abends kam es vor, dass ich in der Bibel blätterte.

Mir wurde immer bewusster, wie trostlos mein Leben war. Plötzlich hatte ich genug Zeit und Abstand zu erkennen, was für ein Leben ich eigentlich führte und wie tief ich im Dreck steckte. Auf meinen einsamen Spaziergängen wurde mir immer klarer vor Augen geführt, dass das Fundament meines Lebens aus Selbstsucht und Lügen bestand. Die Bibel beschäftigte mich immer intensiver und ich dachte auf langen Spaziergängen immer ernsthafter über die Ausweglosigkeit meines Lebens nach.

NUN FORDERTE ICH GOTT HERAUS

Am Donnerstag, dem 21.11.2002, verließ ich die Klinik gegen Mittag, um einen weiteren Spaziergang zu unternehmen. An diesem Tag schlug ich einen anderen Weg ein als den gewohnten, der mich in einen Wald führte. Nun forderte ich Gott heraus.

„Jesus, wenn es dich wirklich gibt, dann hast du jetzt die Möglichkeit, dich mir vorzustellen. Jetzt, hier, in diesem menschenleeren Wald, ohne Zuschauer." Ich beschloss, solange durch den Wald zu gehen, bis Jesus sich mir zeigen würde, auch wenn ich zwei Tage gehen müsste. Während ich durch den Wald einen Berg bestieg, forderte ich Jesus zum zweiten Mal heraus: „Los, Jesus, zeig dich mir", rief ich in den Himmel. Ich stieg den Berg immer weiter hinauf. „Wo bist du? Oder glauben Millionen von Menschen an ein Hirngespinst?" Ja, ich forderte Gott heraus.

Auf dem Gipfel des Berges angekommen, sah ich ein riesiges Anwesen, das aussah wie ein Schloss oder Herrenhaus. In mir brodelte es. Ich fühlte, dass gleich etwas gesche-

hen würde. Plötzlich stand ich vor einem riesigen Schild, auf dem „Glaubenszentrum“ zu lesen war. Ich befand mich auf dem Gelände einer Bibelschule. Ich zitterte und fragte mich: „Ist das die Antwort?“ Wie in Trance nahm ich ein Traktat aus einem Holzkästchen, das an dem Tor der Bibelschule angebracht war. Dabei handelte es sich um das Heft von Reinhard Bonnke: „Vom Minus zum Plus“. Während ich langsam Richtung Stadt ging, fing ich an, das Heft zu lesen.

„BIST DU JESUS?“

Ich hörte nichts, keinen Schritt, keinen Ton, ich las das Heft, ich inhalierte es regelrecht. Wort für Wort, Satz für Satz. Plötzlich tippte mich jemand an. Verwirrt drehte ich mich um: Da stand er — Jörg. Ich rechnete mit allem, dennoch riss mir die nun folgende Frage den Boden unter den Füßen weg. „Suchst du wen?“

Was für eine Frage zu diesem Zeitpunkt! Ich wagte nicht zu antworten, dass ich auf der Suche nach Jesus war. Das wäre ja lächerlich! Völlig gelassen sah er mir direkt in die Augen und sagte: „Ich glaube, du bist auf der Suche nach Gott.” Alles stand still. Das saß. Völlig verdattert entgegnete ich: „Bist DU Jesus?“ Jörg grinste und antwortete: „Nein, aber ich habe einen guten Draht zu ihm.“

Wenn ich mir heute diesen Dialog vor Augen führe, bin ich froh, dass nur Jörg und Jesus dabei waren. Nachdem wir uns einander vorgestellt hatten, lud Jörg mich zu einem „dynamischen” Gottesdienst in der nächsten Woche ein. Ohne auch nur nach meinem Nachnamen oder meiner Zimmernummer zu fragen, verabschiedete er sich mit den Worten: ***„Ich hol dich dann ab.”*** Geistesgegenwärtig rief ich ihm noch nach: „Willst du nicht

noch meine Zimmernummer und meinen Nachnamen wissen?"

„Keine Sorge, der Herr wird uns schon zusammenbringen, meinst du nicht auch?"

ENDLICH WAR ICH ANGEKOMMEN

Ich musste mich erst einmal setzen. Da saß ich nun auf einer Parkbank zwischen zwei Kliniken und las das Traktat von Reinhard Bonnke zu Ende. Auf der letzten Seite befindet sich das Übergabegebet. Mir war vollkommen klar, dass ich vor der Entscheidung meines Lebens stand. Bewusst und überzeugt betete ich um 14:55 Uhr am 21. November 2002 das Übergabegebet. Nicht einmal, nicht zweimal, sondern ganze dreimal.

In diesen wenigen Minuten lief mein gesamtes bisheriges Leben wie ein Film vor meinen Augen ab. Ich sah alle Menschen, denen ich wehgetan hatte. Ich sah einen von mir zusammengetretenen Fußballfan blutüberströmt auf dem Alexanderplatz. Mir wurden sämtliche Verbrechen und Gemeinheiten vor Augen geführt, die ich begangen hatte. Mich überkamen Schuldgefühle und Ekel. So viele Menschen mussten unter mir leiden. Mein Karren saß im Dreck fest. Konnte Gott das alles vergeben? Konnte ich das alles am „Kreuz von Golgatha" abwerfen? Ja, ich konnte. Ja, ich durfte. Und ich tat es. Ich heulte Rotz und Wasser. Endlich war ich angekommen. Der Himmel öffnete sich. Danke, Herr.

Jeder Christ hat seine eigene Begegnung mit Gott, jeder seine eigene dramatische oder weniger dramatische Geschichte. Bei dem einen dauert der Wandlungsprozess länger, während der andere weniger Zeit benötigt. In meinem Fall änderte sich mein Weltbild von einer Minute auf die nächste. Eine radikale Umkehr. Ich war ein neugeborener Mensch. Alles, was vor dem 21. November 2002 um 14:55 Uhr gewesen war, gehörte zum alten Olli.

Auf einmal hatte ich einen Sinn für die Natur. Die Berge, die Bäume, die Wiesen, alles war so fantastisch von Gott erschaffen. Darüber hinaus spürte ich den Drang, mich in die Bibel zu vertiefen. Ich musste diesen Jesus kennen lernen, dem ich soeben mein Leben übergeben hatte.

Olli

Ich wollte Antworten auf meine Fragen

LEON FISCHHABER

Als mir ein ehemaliger Mitspieler bei Bayern München die Kicker-Bibel in die Hand drückte, sagte er: „Darin stehen viele Sportlerberichte." Das fand ich toll. Ich fand es immer sehr interessant, über andere Sportler zu lesen. Ich hüpfte auf meinen Krücken zur U-Bahn und öffnete das Buch, als ich auf meinem Platz im Zug saß. Schnell bemerkte ich, dass es ein Neues Testament war. Also sowas! Das war doch überhaupt nicht interessant! Zuhause warf ich die Kicker-Bibel sofort in meinen Schrank.

Schon als kleines Kind war ich Fußballer. Die Schule machte ich so nebenbei. Fußball war mein Leben. Mein Traum war es, irgendwann einmal als Profi zu spielen. Aufgewachsen bin ich in einer ganz normalen deutschen Familie. Mit meinem Bruder verstand ich mich gut. Nachmittags, nach der Schule, spielte ich immer Fußball. Gott oder der Glaube an ihn gehörte nicht zu meiner Welt.

DIESE FRAGEN LIESSEN MICH NICHT MEHR LOS

Wie es genau passierte, weiß ich gar nicht mehr, aber eines

LEON FISCHHABER

Position: Torwart Geburtsdatum: 15.06.1997
17/18: FC Ingolstadt 04 II, Regionalliga Bayern
16/17: FC Ingolstadt 04 II, Regionalliga Bayern
15/16: FC Ingolstadt 04 II, Regionalliga Bayern
15/16: FC Ingolstadt 04, U19 Bundesliga S/SW
14/15: FC Bayern München, U19 Bundesliga S/SW
13/14: FC Bayern München, U19 Bundesliga S/SW
13/14: FC Bayern München, U17 Bundesliga S/SW

Tages lag die Kicker-Bibel wieder in meiner Trainingstasche. Aus Langeweile nahm ich sie auf der Fahrt zum Training heraus und fing an darin zu lesen. Je mehr ich las, desto mehr Fragen hatte ich. Ich las etwas von der Freiheit in Jesus. Ich las, dass er am Kreuz für mich gestorben sei. Es stand auch darin, dass Gott die Liebe ist. Mir war so vieles unklar und das ließ mich nicht mehr los. Ich suchte mir die Telefonnummer der Person heraus, die mir die Bibel gegeben hatte und rief sie an, um mich mit ihr zu treffen und über meine Fragen zu sprechen.

ICH WOLLTE ANTWORTEN AUF MEINE FRAGEN

Wir machten einen Termin aus und trafen uns. Es waren gute und tiefe Gespräche. Er nahm mich auch mit zu einem Treffen für christliche Sportler, auf dem ich Jungs in meinem Alter kennenlernte, die ernsthaft an Jesus glaubten. Das alles war mir neu. Aber ich wollte Antworten auf meine Fragen: Ob diese ganze Sache mit Jesus echt sei und ob es stimmte, dass man diesen Jesus kennenlernen konnte. Er lud mich auch zu einem Gottesdienst ein, der anders war, als traditionelle Gottesdienste. Es kostete mich echte Überwindung dorthin zu gehen. Ich bin nicht in einem christlichen Elternhaus aufgewachsen und war es daher nicht gewohnt in die Kirche zu gehen.

WIR WOLLTEN BEIDE DIE SACHE MIT GOTT KLARMACHEN

Als ich in den Gottesdienst kam, sah ich viele junge Menschen, deren Glaube wirklich echt aussah. Das gefiel mir unwahrscheinlich. Hier konnte ich mehr davon erfahren, was in der Bibel steht. Ich begann regelmäßig in die Kirche zu gehen. Mein Bruder wunderte sich darüber und fragte mich, was ich dort mache. Ich lud ihn ein mitzukommen und es gefiel ihm sehr. Wir wollten beide die Sache mit Gott klar machen. Zu diesem Zeitpunkt war mir klar, dass es Gott gibt und dass Jesus für mich gestorben war, um mir meine Sünde und Schuld zu vergeben. Und Er konnte das tun, weil Er den Preis für mein Leben am Kreuz von Golgatha bezahlt hatte.

Mein Bruder und ich haben dann Jesus unser Leben anvertraut und Ihn als Herrn und besten Freund angenommen. Das war eine Entscheidung, die ich nie bereut habe. Für meine Eltern war das, was in dieser Zeit passiert ist, nicht leicht zu verstehen. Für sie war es neu, dass mein Bruder und ich jetzt jeden Sonntag in die Kirche gingen. Als sie sahen, dass wir uns durch den Glauben an Jesus positiv veränderten, konnten sie es akzeptieren.

WAS IN MIR VORGING

Am Anfang, als junger Christ, wusste ich auch nicht so genau, wie ich meinen Freunden erklären sollte, wie ich zum Glauben an Jesus gekommen bin, was in meinem Inneren vor sich ging und dass Jesus mein Freund geworden war. Aber nach einiger Zeit wurde ich mutiger. Jetzt kann ich meinen Freunden und Kollegen voller Freude erzählen, welche Veränderungen Jesus in meinem Leben bewirkt hat.

GOTT DIE EHRE GEBEN

Früher war ich sehr ehrgeizig. Ich dachte, es sei das Wichtigste, so viel wie möglich zu leisten und es geht nur darum zu zeigen, wie gut ich bin. Das hat sich verändert. Natürlich muss man im Leben oft Leistung bringen, das ist klar. Doch es geht jetzt nicht mehr darum, dass ich im Rampenlicht stehe, sondern Gott, der mir meine Talente gegeben hat. Alles was ich mache möchte ich zur Ehre Gottes tun.

ANTWORTEN AUF MEINE FRAGEN

Wenn ich heute über die Fragen nachdenke, die ich vor meinem Christsein hatte, dann stelle ich fest, dass viele dieser Fragen beantwortet wurden. Besonders die Frage, ob es Jesus wirklich gibt und ob man Vergebung für seine Sünden und Fehler bekommen kann. Heute kann ich mit Sicherheit sagen, dass es so ist. Ich habe es selber erfahren.

Mittlerweile sind mein Bruder und ich getauft. Es war ein inneres und äußeres Zeichen für uns, dass wir uns sicher sind, den Rest unseres Lebens Jesus nachfolgen zu wollen. Mit Ihm ist das Leben spannend, egal ob ich Fußball spiele oder ob Er mich einen anderen Weg führt.

Ein Vers, den ich sehr gerne mag,
steht im Johannes-Evangelium 1,12:

"Doch allen, die ihn aufnahmen, die an seinen Namen glaubten, gab er das Recht, Kinder Gottes zu werden."

Leon Fischhaber

QUELLE SRS E.V. / WWW.SRSONLINE.DE

Meine Kindheit war alles andere als glücklich und ruhig

Davidson Drobo

Meine Kindheit war alles andere als glücklich und ruhig. Es sah so aus, als wenn ich, so wie viele meiner Freunde, auf der Straße landen würde. Wäre da nicht eine betende Mutter, ein Fußballtrainer, der sich kümmerte, und Gott gewesen, der über meinen Lebensweg wachte.

In einem Stadtteil von Hamburg...
Meine Eltern stammen aus Ghana, aber meine Kindheit verbrachte ich in einem Stadtteil von Hamburg, in dem viele Ausländer wohnten. Ich kam mit meiner Mutter nach Deutschland, als ich vier Jahre alt war. Mein Vater war schon vorher in Deutschland angekommen. Ein paar Jahre zuvor war er während eines offiziellen militärischen Aufenthaltes seines Landes in Deutschland geblieben. Es gab einen Regierungsputsch in Ghana, bei dem der Präsident gestürzt worden war, und so war es für ihn, einen hohen Militärbeamten, zu riskant gewesen, nach Ghana zurück zu kehren.

Ich war damals vier Jahre alt
Als mein Bruder, meine Mutter und ich zwei Jahre später in Deutschland ankamen, hatte mein Vater schon Probleme mit Alkohol. Nach unserer Ankunft wurde es nicht besser, sondern eher schlechter. Ich war damals vier Jahre alt. Für meine Eltern war es schwierig in Deutschland Fuß zu fassen. Unsere Familie landete, wie viele andere Neuankömmlinge auch, in einem Vorort, in dem die meisten Bewohner Ausländer waren. Wir kamen kaum aus diesem Vorort heraus, weil wir dort alles hatten, was wir brauchten. Das war meine ganze Welt. Ich lernte schnell Deutsch und wurde ein Jahr früher in die Schule eingeschult.

Ich fand sie weinend im Gebet
Zuhause wurde es durch den Alkoholkonsum meines Vaters immer schlimmer. Meine Mutter versuchte alles, um es uns Kindern erträglicher zu machen. Sie war tief gläubig und ging treu jeden Sonntag in die Kirche. Wir Kinder gingen immer mit. Oft fand ich meine Mutter weinend im Gebet. Mein Vater wurde zunehmend aggressiver. Seine Wut richtete sich gegen meine Mutter, aber auch gegen uns Kinder. Seine Art, uns zu erziehen, war sehr militärisch.

Als unser kleiner Bruder einen Monat nach der Geburt starb, gab ich meinem Vater die Schuld dafür. Er war nicht handgreiflich geworden, hat aber meine Mutter während der Schwangerschaft sehr schlecht behandelt.

Wenn mein Vater zuhause getrunken hatte, war das für uns Kinder pures Chaos. Als mein Vater eines Tages bei meiner Mutter handgreiflich wurde, rannte ich aus dem Haus und verständigte die Polizei. Als die Polizeibeamten zu uns ins Haus kamen, bestritt mein Vater alles. Die Nachbarn hatten auch nichts gehört. Also fuhr die Polizei wieder weg. Natürlich war mein Vater danach sehr böse auf mich, was ich auch zu spüren bekommen habe, indem ich ordentlich Prügel bezog. Meine Mutter versuchte mich zu schützen, aber auch sie bekam die Schläge ab.

Es ging wieder los

Schließlich nahm meine Mutter uns Kinder und zog in ein Frauenhaus. Für uns Kinder war das nicht einfach. Wir mussten die Schule wechseln. Es verging einige Zeit und meine Eltern machten eine Ehetherapie. Im Laufe dieser Therapie wollte meine Mutter meinem Vater eine zweite Chance geben. Wir zogen zu ihm zurück, obwohl wir Kinder absolut dagegen waren. Es ging wieder los. Alles war wie vorher.

Der Lehrer hat uns heimlich Socken gegeben

Wenn mein Vater getrunken hatte, gab es kein Geld mehr für andere Sachen. Auch nicht für uns Kinder. Wir gingen zum Beispiel ohne Socken in die Schule. Ein Lehrer hat uns einmal heimlich Socken gegeben. Schließlich kam es zur Scheidung meiner Eltern. Mein Vater versuchte das Sorgerecht für uns Kinder zu bekommen und unsere Mutter konnte nicht genug Deutsch, um für sich zu sprechen, aber wir Kinder waren alt genug, um gegen unseren Vater auszusagen. Als das Gericht das Sorgerecht unserer Mutter zusprach, rastete er total aus.

Meine Mutter war überfordert

Natürlich war es nach der Scheidung für meine Mutter nicht leicht: Ein fremdes Land, eine fremde Sprache und drei Jungs, zwei davon Teenager. Wir Brüder stritten uns oft. Die Art unseres Vaters hatte uns Jungs schon früh geprägt. Meine Mutter war oft überfordert. Aber sie betete und ging sonntags in die Kirche. Mein großer Bruder und ich waren damals sehr aktiv in der Fußballmannschaft und hatten keine Lust sonntags mit unserer Mutter in die Kirche zu gehen. Aber es gab auch Sonntage, an denen ich um ihretwillen mitging. Es war eine schöne und tolle Atmosphäre, wenn die ganze Gemeinde betete.

Ersatz für meinen Vater

Ohne es so richtig zu realisieren, hatte ich als Kind angefangen, mit Gott zu sprechen, ohne zu wissen, zu wem ich da betete. Und merkwürdigerweise wurden meine Gebete auch erhört. Es war schwierig ohne einen Vater aufzuwachsen, aber die ganze Zeit waren andere gute Männer da, die wie ein Ersatz für meinen Vater waren. Es gab zum Beispiel einen Trainer, der sich um mich gekümmert hat. Er holte mich oft zum Training ab. Ich denke, ehrlich gesagt, dass ich dies alles erlebte, weil meine Mutter viel für uns Kinder gebetet hat.

Ich war diszipliniert

Als ich Teenager wurde, drehte sich alles nur noch um Fußball. Weil ich im Fußballverein sehr aktiv war, machte ich nicht, wie die anderen Jungs, in den Jugendbanden mit und wurde somit auch vor Kriminalität bewahrt. Meine Mutter drohte mir damit, dass sie mich beim Fußball abmelden würde, wenn ich in der Schule nicht gut genug war. Ich war also in der Schule und beim Training sehr diszipliniert.

„Kauf dir eine Bibel"

Als ich 19 Jahre alt war, verletzte ich mich und konnte eine Zeitlang nicht Fußball spielen. Ich lag die meiste Zeit auf dem Sofa. Plötzlich hörte ich eine Stimme, die sagte: „Kauf dir eine Bibel!" Es hörte sich so überzeugend an, dass ich auf meinen Krücken zur Buchhandlung gehüpft bin, um eine Bibel zu kaufen. Als ich mit der Bibel nach Hause kam, fing ich an, darin zu lesen. Es war eine sonderbare Erfahrung. Ich hatte ein Gefühl wie kurz vor dem

Anpfiff, innerlich war ein Kribbeln. Ich wurde auch mit einer neuen Freude erfüllt. An diesem Tag fing meine Beziehung zu Jesus an.

Wir waren die Ghettokinder

Nach ein paar Jahren beim FC Hamm durfte ich beim SC Vorwärts Wacker 04 anfangen. Sie sprachen mit meiner Mutter und die willigte ein. Es war eine tolle Truppe. Wir waren um die 20 Spieler aus etwa 19 verschiedenen Nationen. Natürlich war es nicht immer einfach, aber doch irgendwie toll. Wir waren die Ghettokinder. Talentierte Jungs. Es lief gut und so wechselte ich zu St. Pauli. Das war ein sympathischer Verein. Ich bekam die Chance bei den Profis mitzuspielen und wechselte schon bald ganz dort hin. Das war 2009.

Durch Gebet geschah ein Wunder

2011 wurde ich nach Esbjerg ausgeliehen. Dort war ich zwei Spielzeiten und wurde danach von dem Club in Dänemark gekauft. Ich fing an, mich intensiver mit dem Glauben an Jesus zu beschäftigen und die Bibel bekam eine neue Bedeutung für mich. Es war, als wären Jesus und ich beste Freunde geworden. Ich erlebte eine wunderbare Heilung meines Bandscheibenvorfalls. Nach fünf Wochen war ich wieder vollständig gesund, obwohl die Ärzte gesagt hatten, dass es mindestens neun Monate dauern würde, bis ich wieder auf dem Feld spielen könnte. Alle waren erstaunt, auch die Ärzte, aber ich weiß, dass Gott immer noch Wunder tut!

Dank Ihm bin ich, was ich bin!

Was die Zukunft bringt, weiß ich nicht, aber ich bin gewiss, dass Gott einen guten Weg für mein Leben hat. Ohne Jesus an meiner Seite, ohne seine Kraft, wäre ich heute nicht hier – dank Ihm bin ich, was ich bin. Dass es in meinem Leben so gut gelaufen ist, verdanke ich in erster Linie Gott, dann meiner Mutter und dem Trainer, der damals an mich geglaubt hat.

Davidson Drobo

Bibel-Mission
Menschen für Christus gewinnen
Damit Kinder und Jugendliche von Jesus hören!
www.bibel-mission.de

Wie kann man Gott kennenlernen?

Es ist möglich, Gott persönlich kennenzulernen

Zu allen Zeiten hat der Mensch versucht, Gott kennenzulernen und ihm näher zu kommen. Viele arbeiten hart daran sich durch gute Taten Gottes Gunst zu verdienen. Wir haben Schwierigkeiten damit, zu glauben, dass es so einfach sein kann, wie es Gott selbst in seinem Wort im Johannesevangelium Kapitel 14, Vers 6 sagt: „Ich bin der Weg, die Wahrheit und das Leben. Niemand kommt zum Vater außer durch mich." (Jesus)

Jesus ist unsere einzige Chance, um überhaupt mit Gott in Kontakt zu kommen.

Er hat durch seinen Opfertod am Kreuz den Weg zu Gott freigemacht und uns eine Beziehung mit Gott, dem Vater, ermöglicht. Er zahlte für deine Schuld. Wenn du Gott jemals erreichen willst, muss es auf Gottes Weise geschehen.

Du musst die Bezahlung, die Jesus für deine Sünden tätigte, akzeptieren.

Gottes Weg

Durch ein einfaches und ehrlich gemeintes Gebet entsteht der Kontakt mit Gott. Gott ist ein sehender und hörender Gott. Er weiß, wann wir ihn ehrlich und aufrichtig suchen. Und er hat versprochen darauf zu antworten.

Bitte Jesus darum deine Sünden zu vergeben, danke ihm, dass er dir die Sünden vergeben hat. Jetzt ist der Weg offen für dich jederzeit mit ihm Gemeinschaft zu haben.

Wie macht man es ganz praktisch?

Folgendes steht im
Römerbrief Kap. 10, Verse 9–10:

Wenn du mit deinem Mund bekennst,
dass Jesus der Herr ist, und wenn du in deinem Herzen
glaubst, dass Gott ihn von den Toten auferweckt hat,
wirst du gerettet werden. Denn durch den Glauben in
deinem Herzen wirst du vor Gott gerecht, und durch
das Bekenntnis deines Mundes wirst du gerettet.

Es geht darum, mit dem Herzen zu glauben und mit dem Mund zu bekennen. Die Bibel sagt, dass du durch den einfachen Glauben, dass Jesus dir die Sünden vergeben hat, und das Bekennen dieses Glaubens vor anderen, errettet wirst. Wenn du Schwierigkeiten hast ein Gebet zu formulieren, kannst du dieses aufgeschriebene Gebet zu deinem eigenen machen:

Jesus, ich komme zu dir, so wie ich bin.
Vergib mir alle meine Sünden.
Komm in mein Leben hinein.
Ich gebe mich voll und ganz in deine Hände.
Bestimme du über über mein Leben.
Ich möchte mich von ganzem Herzen von
meinem alten, gottlosen Leben abwenden.
Jesus, ich glaube, dass du für meine
Sünden gestorben bist.
Ich glaube, dass du auferstanden bist und lebst.
Danke, dass ich dir gehören
darf und dass ich ab jetzt ein
Kind Gottes sein darf.
Amen

Wenn du dieses Gebet ehrlich und aufrichtig gebetet hast, kannst du sicher sein, dass du ein Kind Gottes bist und dass alle Sünden vergeben sind. Gerne helfen wir dir weiter auf dem Weg mit Gott. Schreibe uns:

☐ Ich habe heute Jesus um Vergebung meiner Sünden gebeten und ihn in mein Leben eingeladen.

Datum ______________________________

Uhrzeit ______________________________

Ort ______________________________

Hier einige Tipps zu dem neuen Leben mit Jesus!

- Spreche mit Jesus so oft und soviel du willst.
- Suche christliche Freunde, die dich unterstützen können.
- Erzähle anderen von deinem Glauben an Jesus.
- Suche eine Kirche/Gemeinde, wo du Gottes Wort hören kannst, damit der Glaube wachsen kann. Fang an nach Gottes Willen zu fragen und dein Leben entsprechend zu verändern.

Informiere dich im Internet unter den angegebenen Adressen in dieser Bibel.

Nur noch etwas...

Vergiss nie: Jesus ist jetzt an deiner Seite
– er verlässt dich nie!

Gerne möchte ich Christen in meiner Umgebung kennenlernen

Name ______________________________

Anschrift ______________________________

____

____

____

Telefon Nr. ______________________________

E-Mail-Adresse ______________________________

Nachricht ______________________________

____

____

Sende die Nachricht an

SRS e.V.
Im Sportzentrum 2
D 57610 Altenkirchen
Fon: +49 (0)2681 941-150
www.srsonline.de

Wir wollen durch unsere Angebote dazu einladen, Jesus kennenzulernen. Wir freuen uns über alle, die erkannt haben, wie sehr es sich lohnt, mit Jesus zu leben und das ernst zu nehmen und zu tun, was er uns sagt.

Unter dem Motto „Training mit Ball und Bibel“ wollen wir „die schönste Nebensache der Welt“ (den Fußball oder auch andere Sportarten) und die „wichtigste Hauptsache der Welt“ (den Glauben an Jesus Christus) miteinander verbinden.

Fußballprofi Sasa Janic gibt Autogramme

Wir sind ein Team!

Internationale Athleten für Christus

Außerhalb der Campwochen laden wir herzlich zu Wochenendfreizeiten in unserem Haus ein. Hauskreise, Jugend- und Junge-Erwachsene-Gruppen, Lobpreisteams, Ältestengruppen und viele andere Interessengruppen finden in unserer Sport-Bibel-Schule gute Möglichkeiten, eine wertvolle gemeinsame Zeit zu verbringen.

Athleten für Christus e.V.
Markus Bender
Sonnenbergweg 8
72213 Altensteig-Walddorf
Tel.: 07458 / 455405
Fax: 07458/ 455406
E-Mail: info@afc-ev.de
www.afc-ev.de

FUSSBALL MIT VISION @school

Profifußball und Glaube miteinander verknüpfen

Manuel Bühler über das Schulprojekt von Fussball mit Vision

Nach meiner aktiven Zeit als Fußballer (u.a. 1.FC Nürnberg, 1860 München) und einem abgeschlossenen Bachelorstudium in Theologie stellte sich für mich Ende 2018 die Frage, wie Gott meinen weiteren Lebensweg konkret gestalten möchte. Die enge Verbindung zu SRS (Sportler ruft Sportler), die während meiner Zeit als aktiver Fußballer begann, blieb auch nach meinem verletzungsbedingten Karriereende bestehen. Somit war es naheliegend, diesen Weg nun vollzeitlich bei SRS fortzusetzen, um meine zwei Herzensthemen Fußball und Glaube zu verbinden.

Die Idee, meine Kontakte im Profifußball und meine eigene Biografie zu verknüpfen, um junge Menschen zu erreichen, wurde mir bereits während meiner Zeit als Theologiestudent aufs Herz gelegt. In diesem Zusammenhang spielten zwei Schulbesuche eine prägende Rolle. Sie hatten mich zu Seminartagen eingeladen, um über das Thema „Profifußball und Glaube" zu sprechen.

Begleitend dazu erstellte ich eine Präsentation, die meine Erfahrungen und Erlebnisse aus dem Profifußball schülergerecht wiedergibt. Darüber hinaus im Angebot mit inbegriffen: Live-Telefoninterviews und Grußbotschaften befreundeter Bundesligaspieler, eine Fragerunde, mein persönliches Glaubenszeugnis inklusive kurzem Impuls und die Möglichkeit einer praktischen Fußballeinheit.

Die jeweiligen Seminare wurden von den Schülern immer mit großer Begeisterung und starkem Interesse besucht, die Reaktionen waren großartig. Aus diesen Erfahrungen und der damit verbundenen Freude wuchs die Idee, das Projekt „Fussball mit Vision @school" zu starten.

Seit Anfang 2019 arbeite ich nun an der konkreten Umsetzung von Fussball mit Vision und bin dankbar, dass das Projekt nun in den Schulen an den Start gegangen ist. Sehr begeistert bin ich, einige befreundete Fußballkollegen mit einem Herzen für dieses Projekt als Botschafter gewonnen zu haben.

Was ist Fussball mit Vision @school:

- mit Profifußball jungen Menschen eine Freude bereiten
- Erfahrungen und Erlebnisse aus dem Profifußball teilen
- christliche Grundwerte vermitteln
- die gute Nachricht von Jesus Christus weitersagen
- Glaube und Sport miteinander verknüpfen

Für wen ist Fussball mit Vision @school:

- Kinder und Jugendliche in Schulen (5.-13. Klasse) und Gemeinden (zum Beispiel Konfigruppen)
- Die Umsetzung ist einfach im Unterricht (z.B. Religionsunterricht) oder an Seminartagen durchführbar.

Wir freuen uns auf eine Einladung an Ihrer Schule!!

Weitere Infos unter: www.fussballmitvision.de
Kontakt: Manuel Bühler
E-Mail: mbuehler@fussballmitvision.de
Mobil: 0176 459 655 41

BIBLE FOR THE NATIONS

Das Buch von Jesus

Dieses Buch erzählt Gottes Heilsplan auf kindgerechte Art. Es beginnt mit der Schöpfung und dem Sündenfall, dann folgen die Geschichten von Kain und Abel, Noah und die Prophezeiungen von Jesaja über den kommenden Messias. Dann kommt die Geschichte von Jesus: wer er war, was er tat und was er lehrte (Gleichnisse), sein Tod und seine Auferstehung und am Ende des Buches eine Anleitung, wie man Jesus in sein Herz aufnehmen kann.

Die Geschichten sind in farbenfrohen Comiczeichnungen ausgeführt. Dazu gibt es ausgewählte Bibelstellen, Erklärungen und Anregungen. Das Buch umfasst 144 Seiten.

„Das Buch von Jesus" eignet sich für Kinder von 6 bis 13 Jahren. Auch für Teenager oder Erwachsene, die Schwierigkeiten mit dem Lesen haben, ist das Buch geeignet. Für Menschen mit einer geistigen Behinderung ist es ein hervorragendes Hilfsmittel, das Evangelium von Jesus zu erzählen.

Auflage Softcover, Bestell Nr: 1791.04.000

1 Ex. **€ 8,00** | 3-99 Ex. **€ 3,90**

Auflage Hardcover, Bestell Nr: 1791.05.000

1 Ex. **€ 9,90** | 3-99 Ex. **€ 7,90**

www.bible-for-the-nations.com